北大版对外汉语教材·基础教程系列

高级飞翔篇 I

Boya Chinese

使用手册

李晓琪 主编
金舒年 陈莉 编著

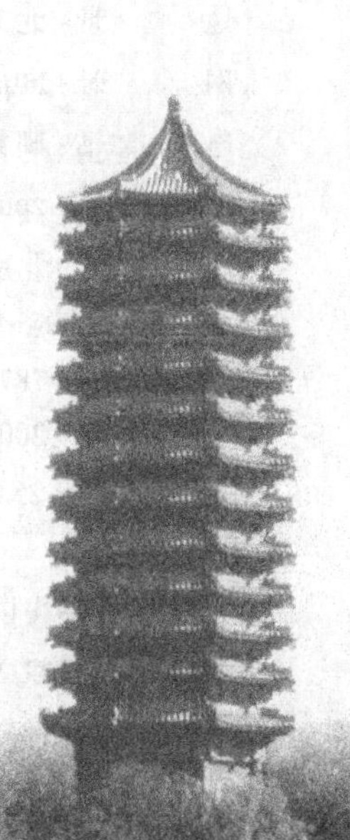

图书在版编目(CIP)数据

博雅汉语·高级飞翔篇Ⅰ使用手册 / 李晓琪主编;金舒年,陈莉编著 —北京:北京大学出版社,2009.5

(北大版对外汉语教材·基础教程系列)

ISBN 978-7-301-15057-3

Ⅰ.博… Ⅱ.①李…②金…③陈… Ⅲ.汉语-对外汉语教学-教学参考资料 Ⅳ.H195.4

中国版本图书馆CIP数据核字(2009)第055964号

书　　名:博雅汉语·高级飞翔篇Ⅰ使用手册

著作责任者:李晓琪　主编　金舒年　陈　莉　编著

责 任 编 辑:张弘泓

标 准 书 号:ISBN 978-7-301-15057-3/H·2240

出 版 发 行:北京大学出版社

地　　址:北京市海淀区成府路205号　100871

网　　址:http://www.pup.cn

电　　话:邮购部 62752015　发行部 62750672　编辑部 62753334　出版部 62754962

电 子 邮 箱:zpup@pup.pku.edu.cn

印　刷　者:北京虎彩文化传播有限公司

经　销　者:新华书店

787毫米×1092毫米　16开本　10.75印张　200千字

2009年5月第1版　2018年9月第2次印刷

定　　价:25.00元

前 言

《博雅汉语·高级飞翔篇》Ⅰ、Ⅱ、Ⅲ册问世以来,受到对外汉语老师和汉语学习者的广泛欢迎,使用的范围越来越广,使用者日益增多,要求编写使用手册的呼声也越来越强烈。为了帮助使用者更好地利用《飞翔篇》进行汉语教学,我们编写了这套使用手册。

本套使用手册是编者在多年使用《博雅汉语·高级飞翔篇》进行教学的基础上编写。我们原来的计划是编一套《教师手册》,供教师备课时参考。后来陆续接触到一些自学者,考虑到他们的需求,我们调整了原来的编写视角,把目光同时放在教师和学习者双方,并且定名为《使用手册》;这样,就使得这套书既可用作教师备课参考,又可为学生自学提供方便,扩大了使用的范围。

这套书中的每一课都是由以下六个部分组成的:

一、背景材料:主要介绍课文出处和作者的有关情况。

二、教学目标与步骤:包括教学目标、教学步骤、建议课时。

考虑到容易操作的原则,"教学步骤"这部分每一课的程序基本是一样的,都是把生词和课文分为两或三部分,然后把"词语辨析"和"语言点"也放在其中,穿插着进行教学。其实这只是一种可以操作的教学步骤,老师们完全可以根据情况采用多种多样的教学步骤进行教学。

三、词语教学:包括重点词语讲解、词语辨析部分的异同归纳及补充练习。

在"重点词语讲解"这部分,我们选择了每一课意思和使用方法比较复杂的词语,有一定难度的词语进行解释。解释的角度和方法,根据每个词语的特点而有所不同,主要有这样四种情况:根据词语的义项来解释,根据词语在句子中的成分来解释,根据词语的不同搭配来解释,根据词性来解释。需要说明的是,我们讲解的只是这个词语的主要意思和用法,并不是关于这个词语的全部内容。

在"词语辨析"和"语言点"中出现的词语没有列入"重点词语讲解",以避免重复。

在"词语辨析的异同归纳及补充练习"这部分,我们把"词语辨析"中关于词语异同的内容列成表格,以方便使用者理解和操作;"补充练习"这部分则可以在课堂上随讲随练。

四、课文教学:包括课文教学说明、课文内容提问、教学活动建议。

设计这部分内容的主要意图是,针对高级班汉语教学的特点,深化教学内容,使得课堂教学不仅仅停留在对词语和语法的解释和理解上,而且进一步深入到作者的背景和内心,深入到文章的思想和意义,深入到作品的语言和风格中去,启发和引导学生对课文所涉及的内容和文化进行比较深入的思考,从而从更深的层次上去体会和感受中国的文化和汉语的魅力。

同时,为了使课堂教学更加活泼生动,体现在体验中学习、在使用中学习、在互动中学习的任务型教学理念,我们对课堂教学活动给出了一些建议。这些课堂教学活动是针对每一课的具体情况来设计的,并且体现出综合性和创造性的特点,是对课文内容的一个扩展和延伸;教师必须要让每个学生参与其中,才能取得最佳效果。另外,这些教学活动也是可以选择的,并不是每个必做,可以根据教学情况来决定。相信使用者在此基础上一定会创造出更加丰富、更加灵活的教学活动形式。

五、参考答案:包括词语辨析补充练习(见使用手册)、语言点练习(见教材)、部分"综合练习"(见教材)、部分"阅读与理解"(见教材)的参考答案。

六、文化知识点补充说明:选取与本课课文内容密切相关的知识点进行介绍。

这部分内容也是课文内容的扩展和延伸。我们希望至少能够起到两个作用:一是丰富教学内容;二是增长学生的知识,开阔他们的眼界,引发学生进一步学习中国语言和文化的兴趣。

最后需要指出的是,因教学目的、课时、学生水平等存在差异,在使用本手册时可根据具体情况进行增删调整。

我们希望本手册能成为使用《高级飞翔篇》的教师和学习者的好助手,也非常欢迎使用者与我们分享自己的教学方法和学习感受。不足之处,敬请指正。

我们还要衷心感谢北京大学出版社沈浦娜老师和张弘泓老师对本套教材的出版所给予的大力支持和付出的辛勤劳动!

编 者

2009年初春于北京大学

目　录

第一课　文宗的谜语

壹　背景材料

一、作者刘蕊，无详细资料可查。

二、本文最早刊登在1986年6月16日《人民日报》海外版上，后来被《读者》等杂志选登，也曾选为中学语文课文和中学生阅读材料，还入选2005年9月九州出版社出版的《感动中学生的100个故事》一书。

贰　教学目标与步骤

一、教学目标

语　言	内　容	文　化
1. 理解并运用本课的重点词语（见“重点词语讲解”）。 2. 掌握词语辨析： （1）深邃—深刻 （2）提示—提醒 （3）得意—满意 （4）烦恼—苦恼 （5）忧郁—忧愁 （6）嘲笑—讥笑 3. 掌握语言点： （1）给予 （2）副 （3）一×一× （4）动词1＋也＋动词1＋不＋动词2 （5）全然 （6）陡然 （7）中＋动词	1. 通过课文讲述的故事感受中国家庭中的父女亲情和深厚博大的父爱。 2. 通过课文中的人物体会中国人表达感情的方式。 3. 思考课文故事中所表现出来的代沟，以及用亲情来弥合这条沟壑的可能性。	1. 了解关于中国谜语的知识。 2. 把本国的谜语和中国的谜语进行对比，说出异同。

二、教学步骤

1. 导入。介绍课文内容及背景。
2. 词语 1～30。词语辨析 1～4。
3. 第一部分课文(到“仿佛可以给我变出许许多多快乐和光明”)。注释 1～2。语言点 1～3。
4. 词语 31～59。词语辨析 5～6。
5. 第二部分课文。注释 3～6。语言点 4～7。
6. 做“综合练习”。
7. 阅读与理解。

三、建议课时:6～7 课时。

叁 词语教学

一、重点词语讲解(见教材 p.4～6)

(3) 笼罩

A. 可以指自然事物:夜幕～大地;雾气～湖面;月光～田野。

B. 可以指抽象事物:悲痛的气氛～着全家;心里～着一层阴影;全城被一种恐怖的气氛所～。(多用于反面)

C. 笼:多音字,还可以读作 lóng,如:水笼头、笼子、小笼包子。

(11) 苦思冥想

A. 也作“冥思苦想”。

B. 作谓语:我～了半天,也没有找到答案。

C. 作宾语:经过一番～,他终于把这篇作文写完了。

D. 作定语:看他那～的样子,就知道又遇到难题了。

(18) 凑

A. 接近。～过去(过来);～近;往前～一～。

B. 聚集。～几个人;～一些钱;～一些材料;～份子。

(19) 饱经忧患

A. 饱经＋……：～沧桑、～风霜、～苦难、～磨难。

B. 作谓语：我的爷爷～，一生坎坷，有丰富的人生阅历。

C. 作定语：这位老人有一张～的脸。

(21) 伙伴

这个词除了可以指个人之间的“同伴”关系外，还可以指人或集体、组织之间的合作关系。如：～关系、贸易～、竞选～、战略合作～、政治上的～。

(30) 引

A. ～＋得、来、出＋补语：～得大家笑起来；～得孩子们高兴起来；～来许多麻烦；～来很多参观者；～出一段故事；～出一个想法。

B. 常用搭配：～人发笑、～人注意、～人注目、～人入胜、～蛇出洞。

(31) 抹

A. 涂上：～药、～化妆品、～颜色、～油。

B. 擦掉：～眼泪、～汗、～嘴、～桌子。

(34) 黯淡

A. 修饰具体事物：颜色～、光线～。

B. 修饰抽象事物：前途～、情绪～、脸色～、心情～、眼神～。

C. 近义词：暗淡、阴暗；反义词：明亮、亮堂。

(35) 涩

A. 味道，舌头的一种感觉：这种水果味道又酸又～。

B. 不滑溜：书桌是新的，所以抽屉拉起来有些～。

C. 语言不流畅，难懂；晦涩、艰涩：文章的语言太～，不够流畅。

D. 反义词：顺、滑。

(37) 委屈

A. 形容词：～的＋名词：～的情绪、～的心情、～的样子、～的眼泪、～的感觉。

～地＋动词：～地哭了、～地流下眼泪、～地解释、～地离开。

B. 动词:别～自己;只能先～～你了;别～了孩子。
C. 名词:一肚子～;许多～;受了很多～。

(39) 满心

副词:～欢喜、～希望、～愿意、～高兴、～幸福、～想的是……

(41) 开释

本来的意思是指释放被拘禁的人;但课文中的意思是摆脱或去除某种不好的情绪、心情。如:郁闷的心情无法～;心里的烦恼不能～。

(42) 甩

A. 挥动:～手、～袖子、～尾巴、～鞭子。
B. 扔:～掉、～出去、～开。
C. 使离开:～掉(开)对手、～掉精神压力、～掉男(女)朋友。

(46) 遥远

A. 指距离远:～的地方、～的太空、～的国家、～的城市。
B. 指时间长:～的将来、～的未来、～的过去、～的古代。

(50) 浑浊

A. ～的+名词:～的眼睛、～的水、～的空气。
B. 近义词:污浊;反义词:清澈、清亮。

(54) 孝敬

A. 尊敬:～父母、～长辈。
B. 给长辈送礼物:这些水果是～爷爷的;买些礼物～爸爸妈妈。
C. 可以受程度副词的修饰:十分～、非常～。
D. 近义词:孝顺。

(56) 荒诞

A. ～的+名词:～的故事、～的事情、～的情节、～的想法、～的理论、～的手法、～的道理、～的行为、～的梦。
B. 常用搭配:～派。
C. 近义词:荒唐、离奇;反义词:真实、实在。

二、词语辨析部分的异同归纳及补充练习(见教材 p.7～10)

1. 深邃——深刻

◈ 相同之处：

	深　邃　　　深　刻
1. 语义：	都指道理、思想等高深。
2. 词性：	都是形容词。

◈ 相异之处：

	深　邃	深　刻
1. 语义侧重点：(见例 1、2、3)	形容事物本身很深、很远；既指空间的深远，又指环境的幽深；也指内心世界或眼光、智慧的深沉。	形容事物发展或达到的程度很深；或内心对于某人、某事的体会很深。
2. 搭配（一）：(见例 4、5、6、7)	常与山林、山谷、江河、大海、夜空、目光、内心世界、智慧等词语搭配使用。	常与变化、变革、体会、认识、见解、印象、感受、教训等词语搭配使用。
3. 搭配（二）：(见例 8)	不可以作状语。	可以作状语。
4. 语体：	常用于书面语。	口语、书面语都可以用。

【练习】

① (　　　)的大海辽阔而又神秘,足以引发人们无穷的遐想。

② 历史的教训非常(　　　),值得我们永远记取。

③ 30 年来,中国社会发生的(　　　)变化是有目共睹的。

④《红楼梦》(　　　)地反映了中国封建社会后期的社会面貌和人情冷暖。

⑤ 谁也摸不透这位老人(　　　)的目光中所包含的内容。

2. 提示——提醒

◈ 相同之处：	提　示　　　提　醒
1. 语义：	都有引起对方注意的意思。
2. 词性：	都是动词。

◈ 相异之处：

	提　示	提　醒
1. 语义侧重点：（见例1、2）	提出对方想不到或应注意的要点，使对方由不知道到知道。	把事情说出来，促使对方注意。
2. 搭配：（见例3、4、5）	多用于学习方面。	多用于重要的事情和易忘记的事情。
3. 语体：	多用于书面语。	口语、书面语都常用。

【练习】

① 在马路上，警察不断地(　　)路人要注意交通安全。

② 我们都不知道这个问题怎么回答，经老师(　　)，我们都明白了。

③ 临来中国之前，妈妈给了我一大堆的(　　)，什么按时吃饭啦，注意冷热啦，早点睡觉啦，等等等等。

④ 每课课文的一开始就有一个重点(　　)，告诉学生如何学习和掌握这一课的内容。

3. 得意——满意

◈ 相同之处：

	得　意　　满　意
1. 语义：	都指高兴、满足的心理状态。
2. 词性：	都是形容词。

◈ 相异之处：

	得　意	满　意
1. 语义侧重点：（见例1、2）	多强调因自己的成功而骄傲自满，常含贬义色彩。	强调说话人觉得某种对象符合、满足自己的心愿，常含褒义色彩。
2. 搭配（一）：（见例3、4）	一般用于自己或自己的东西。	没有这种限制。
3. 搭配（二）：	可以用在“得意扬扬/得意忘形/春风得意/自鸣得意”等固定词语中。	没有这种用法。

【练习】

① 小王(　　　　)扬扬地说,他已经拿到了公司的聘用通知书。

② 这是著名画家李先生的(　　　　)之作,售价当然不同于其他的作品。

③ 由于不(　　　　)旅行社的服务和安排,游客们把旅行社告上了法庭。

④ 换了一个老板后,小马对公司越来越不(　　　　),最后还是离开了这家公司。

4. 烦恼——苦恼

◆ 相同之处:

	烦　恼　　　苦　恼
1. 语义:	都有心情不好的意思。
2. 词性:	都是形容词。
3. 重叠:	都不能重叠。

◆ 相异之处:

	烦　恼	苦　恼
1. 语义侧重点:(见例 1、2)	侧重表示烦闷。程度稍轻。	侧重表示痛苦。程度稍重。
2. 词性:(见例 3、4)	只是形容词。	形容词兼动词。

【练习】

① 内心有了什么(　　　　)要向家人或朋友诉说,不要闷在心里。

② 顽固的疾病一直(　　　　)着他,使他的生活质量大为降低。

③ 积极乐观的人凡事都会往好的方面想,不会去自寻(　　　　)。

④ 别再因为失恋而(　　　　)你自己了,赶快振作起来吧。

5. 忧郁——忧愁

◆ 相同之处:

	忧　郁　　　忧　愁
1. 语义:	都有郁闷、不快乐的意思。
2. 词性:	都是形容词。
3. 搭配:(见例 3)	都可以形容人的脸色、心情。

◆ 相异之处：

	忧郁	忧愁
1. 语义侧重点：（见例1、2）	指心里苦闷而不能发泄，因而郁郁不乐。	指遇到麻烦和困难而发愁。
2. 搭配：（见例4、5）	多用于形容人的性格。	多用于碰到具体事情时。

【练习】

① 他是个性格(　　　)的诗人,常常一个人坐在那里出神,别人很难走进他的内心世界。

② 他正在为找不到理想的工作而(　　　)呢,知道这个好消息一定会高兴坏了。

③ 她看人的时候,目光中总是透出一丝(　　　)。

④ (　　　)症是一种现代文明病,在大学生和白领中并不少见。

6. 嘲笑——讥笑

◆ 相同之处：

	嘲笑　讥笑
1. 语义：	都表示用言语笑话对方。
2. 词性：	都是动词。

◆ 相异之处：

	嘲笑	讥笑
1. 语义侧重点：（见例1、2）	侧重在嘲弄、取笑，语义较轻。	侧重在用尖刻的言辞讥讽，语义重，多用于贬义。
2. 搭配：（见例3、4、5、6、7）	范围广。对象可以是别人，也可以是自己；可以是善意的，也可以是恶意的。	范围小。对象多是别人。

【练习】

① 千万不能用(　　　)的口气去评价一个人的缺点,这会给对方造成很大的伤害。

② 一个简单的动作做了几次都失败了,他不由得(　　　)起自己来了。

③ 你就别吹牛啦,搞不好又该被朋友们(　　　)了。

④ 每包坏一个饺子，他就自我(　　　)一下，技术就是不见提高，真拿他没办法。

⑤ 他用恶毒的语言(　　)对方，激起了对方的强烈愤怒。

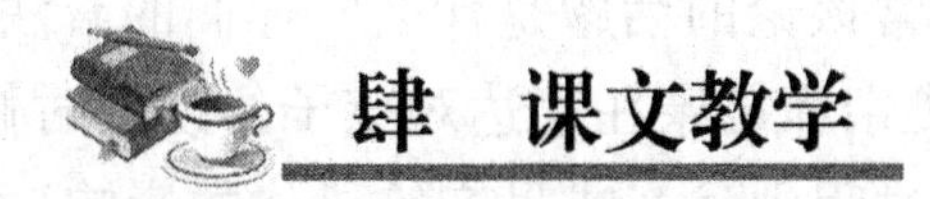

肆　课文教学

一、课文教学说明(课文见教材 p.1～3)

1. 关于文体：本文是一篇叙事散文。

2. 关于内容：本文以父女亲情这一人类共通情感为题材，通过作者在从小到大的成长过程中与父亲之间关系和感情的微妙变化，表现了博大、深邃的父爱和细腻、动人的父女亲情，形象地反映了随着孩子的成长，家庭成员之间所经历的情感波折。文章以"猜谜语"的细节贯穿全文，既有传统中国文化的气息，又非常生动有趣。

3. 关于语言：本文的语言简洁流畅，个别词语略带有地方色彩，构成了独特的语言风格。另外，因有谜语穿插其间，读起来轻松活泼，富有韵律感。通过朗读课文和教师讲解，教师要引导学生体会文章中人物的思想感情和语言风格。

二、课文内容提问

1. 在小时候的"我"的心目中，父亲是一个什么样的人？
2. 父亲难倒"我"的那条谜语为什么只是指"爸爸的眼睛"？
3. 这条谜语在"我"以后的生活中起了什么样的作用？
4. 父亲把那些东西变出来的时候，为什么"我"觉得他的眼睛是神神秘秘的？
5. 从这一段描写来看，"我"小时候和父亲的关系怎么样？
6. 长大之后，"我"有了什么样的烦恼？
7. "我"在心里说："没有你呀，我就是黑暗。"这句话是什么意思？
8. "我感到和父亲一下子遥远起来"是什么意思？为什么"父亲细眯眯的眼睛"会"一下子变得那样忧郁"？
9. 离别的时候，"我"和父亲的心情怎么样？
10. 你觉得父亲所要的生日礼物说明了什么？

三、教学活动建议

1. 提前布置学生回去搜集谜语，上课时互相猜谜语。
2. 分组讨论，一组一个问题，然后进行总结：
   A. 你和父母之间经常谈论的话题是什么？你们的看法有何异同？
   B. 根据你的经验，父亲和母亲在表达对孩子的爱的时候有什么区别？
   C. 说说在你的成长过程中父亲或母亲给予你的影响。
   D. 说一个发生在你和父母之间的故事。

伍 参考答案

一、词语辨析部分补充练习(见使用手册 p.5～9)参考答案

1. 深邃——深刻
   ①深邃　②深刻　③深刻　④深刻　⑤深邃
2. 提示——提醒
   ①提醒　②提示　③提醒　④提示
3. 得意——满意
   ①得意　②得意　③满意　④满意
4. 烦恼——苦恼
   ①烦恼/苦恼　②苦恼　③烦恼　④苦恼
5. 忧郁——忧愁
   ①忧郁　②忧愁　③忧郁/忧愁　④忧郁
6. 嘲笑——讥笑
   ①嘲笑/讥笑　②嘲笑　③嘲笑　④嘲笑　⑤讥笑

二、语言点练习(见教材 p.11～13)参考答案

1. 给予

【练习】用“给予”完成句子：

(1) 老师对上课经常迟到的同学给予严厉的批评。
(2) 领导对你们的工作给予高度的评价，认为这是今年研究所的重大成果之一。
(3) 我们给学校去信提出了几个问题，但对方还没有给予答复。
(4) 这家公司对本届足球赛给予了大力支持。

2. 副

【练习】用“副”完成句子：

(1) 每逢春节，父亲总要亲自写一副对联，贴在家里的大门上。

(2) 孩子的眼睛有点儿近视，医生建议给他配一副眼镜。

(3) 他总是一副冷面孔，谁敢靠近他呢？

(4) 那家小店里的老板人很和气，无论见到谁，都是一副笑脸，难怪他的生意越做越好。

3. 一×一×

【练习】选用上面用“一 × 一 ×”的词语填空：

(1) 这两位主持人一问一答，配合得非常好。

(2) 他们两个人在会上一唱一和，完全是一鼻孔出气。

(3) 常言道：文武之道，一张一弛。要好好学习，也要好好休息。

(4) 两年之中，他发财了，又破产了，一起一落，使他对人生有了很多感悟。

(5) 姐妹俩一前一后地跑进了院子。

(6) 北京和上海这两座大都市，一南一北，带动着中国的经济发展。

4. 动词1+也+动词1+不+动词2(或形容词)

【练习】用“动词1+ 也 + 动词1+ 不 + 动词2(或形容词)”完成句子：

(1) 作业多极了，做也做不完。

(2) 这件衣服真脏，洗也洗不干净。

(3) 我学游泳学了好长时间，可是学也学不会，只好放弃了。

(4) 这件不愉快的事给我留下了深刻的印象，忘也忘不掉。

5. 全然

【练习】用“全然”完成句子：

(1) 他对这些事全然不知，你不必问他。

(2) 这位职员带病坚持上班，全然不顾自己的身体。

(3) 那起交通事故之后，他儿子的脑子就出现了问题，过去的事全然想不起来了。

(4) 村里村外，山上山下，我都找遍了，全然看不到他的影子。

6. 陡然

【练习】用"陡然"完成句子：

(1) 她唱着唱着，音调陡然升高(降低)。

(2) 孩子出生了，使得小夫妻俩陡然忙碌起来。

(3) 那位老人血压陡然降为零(升高)，医护人员迅速赶到他的病房进行急救。

(4) 他当了总统以后，国内形势陡然陷入了混乱。

7. 中

【练习】选择上面用"中"的词语填空：

(1) 说话要中听，要是都像他这样说话，谁受得了？

(2) 这点心外观讲究，但材料不新鲜，中看不中吃，我劝你别买了。

(3) 唉！我老了，不中用了，他们就看不起我了。

(4) 这双鞋确实是漂亮，但穿起来磨脚，实在是中看不中穿。

三、部分"综合练习"(见教材 p.14～18)参考答案

Ⅰ 词语练习

一、填入合适的名词

满天的(星斗)　笑眯眯的(样子)　深邃的(夜空)
巧妙的(方法)　发涨的(脑瓜子)　得意的(表情)
黯淡的(目光)　无法开释的(心情)　遥远的(地方)
有限的(时间)　浑浊的(眼睛)　荒诞的(故事)

二、填入合适的形容词

(炎热)的夏日　(友好)的伙伴　(可爱)的洋娃娃
(丰富)的表情

三、填入合适的量词

一(条)谜语　一(个)夏日　一(个／群)伙伴
一(个)洋娃娃　一(头／只)鹿　一(种／副)表情
一(片)孝心

四、写出下列词语的近义词或反义词

(一) 写出近义词

烦恼——苦恼/烦闷　　忧愁——忧虑/忧伤/发愁

陡然——突然

(二) 写出反义词

忧愁——快乐/愉快/欢快/喜悦　　黯淡——光明/明亮/明朗

荒诞——真实/现实　　浑浊——清澈/清亮

有限——无限　　得意——失意/沮丧

五、选词填空

(一) 1. 皱　2. 撅　3. 凑　4. 引　5. 抹

6. 咽　7. 盯　8. 甩　9. 待　10. 投

(二) 1. 满意　2. 提示　3. 得意　4. 深邃　5. 深刻

6. 嘲笑　7. 忧愁　8. 忧郁　9. 讥笑　10. 提醒

六、解释句中画线词语的意思

1. A　2. C　3. B　4. A　5. B　6. C

七、选择正确的答案

1. B　2. C　3. A　4. B　5. A　6. A　7. B

八、补语填空

(答案参考课文内容)

Ⅱ课文理解练习

一、根据课文内容判断正误

1. ×　2. √　3. √　4. ×　5. √

6. ×　7. ×　8. ×　9. ×　10. ×

四、部分“阅读与理解”(见教材 p.21)参考答案

(一) 根据文章内容判断正误

1. √　2. ×　3. √　4. √　5. ×

6. ×　7. ×　8. √　9. √　10. ×

陆　文化知识点补充说明

关于谜语

猜谜语是世界各国都有的一种智力游戏，就是以某一事物或某一诗句、成语、俗语或文字为谜底，用隐喻、形似、暗示或描写其特征的方法作为谜面，让人根据谜面后猜出谜底来。

同时，谜语又是很多民族都有的一种语言文化现象，它在中国有悠久的历史，流传面广，种类繁多，变化无穷。它源于民间口头文学，后来也成为文人雅士中流行的游戏。到了现代，谜语更多地是作为一种层次较高的娱乐活动在民间流行，受到广大老百姓的喜爱。由于谜语的语言具有严密的逻辑性和相当的疑难性，通常可以考察猜谜者的记忆、分析、想象、判断和推理等思维能力，所以也是启迪人们智慧的一种民间文学娱乐形式。又由于谜语的构思奇巧，常常让人有妙趣横生、回味无穷的感觉。可以说，谜语把知识教育和诗情画意融为一体，以最为短小精悍的语言形式来包容大千世界与人类智慧。每一次猜谜的过程也可以说是一次体味人生哲理的过程。

谜语的形式很多，按谜底的性质分，大致可以分为字谜、物迷、事迷三大类。猜谜方法比较常见的有二十多种。但一般人很少了解这些复杂的方法，大多根据经验和想象进行猜测。

常见谜语举例：

1. 早晨四条腿，中午两条腿，晚上三条腿。（打一物）
2. 水冲不走，火烧不掉，吃了不会饱，一刻不能少。（打一物）
3. 人人有个好朋友，乌黑身体乌黑头，灯前月下陪着你，却是哑巴不开口。（打一物）
4. 麻屋子，红帐子，里面住着个白胖子。（打一食品）
5. 齿在口外。（打一字）
6. 45天。（打一字）

谜底：人、空气、影子、花生、呀、胖

第二课 请按

壹 背景材料

一、作者亦舒,原名倪亦舒,祖籍浙江镇海,1946年生于上海,五岁時到香港定居。中学毕业后,在《明报》任记者,担任过电影杂志的采访、编辑等工作。1973年,亦舒赴英国攻读酒店食物管理课程,三年后回港,在某酒店公关部任职,后进入政府新闻部门担任新闻官,也曾当过电视台编剧。现在是专业作家,已移居加拿大。亦舒丰富的学习和工作经历为她的文学创作提供了源泉。

二、亦舒少年时就成名了,十五岁时就有报刊编辑追到学校来向她约稿。香港著名作家倪匡是亦舒的哥哥。有人称亦舒、倪匡、金庸是“香港文坛三大奇迹”。金庸创作流行武侠小说,倪匡创作流行科幻小说,亦舒则创作流行言情小说。亦舒美丽而豪爽,“有着追求理想的翅膀”,她的小说也充满幻想色彩——虚无缥缈,却又执著而不肯放弃。她具有敏锐的观察力和细腻的感触,还有擅于将平凡的字眼变成奇句的才华,她的写作正如她的性格,麻利、泼辣,而且又快又多,个性鲜明。

三、亦舒的作品已结集出版的有七十种,代表作有《玫瑰的故事》、《喜宝》、《朝花夕拾》等。

四、本文选自《广州文艺》1997年第5期,收入亦舒的短篇小说集《密码》。

贰 教学目标与步骤

一、教学目标

语 言	内 容	文 化
1. 理解并运用本课的重点词语（见“重点词语讲解”）。 2. 掌握词语辨析： （1）不必—未必 （2）实惠—优惠 （3）介意—在意 （4）虚伪—虚假 （5）突兀—突然 （6）迷惑—困惑 3. 掌握语言点： （1）谈不上 （2）好不 （3）不是……就是…… （4）如此	1. 通过课文故事了解现代城市人的生活状态和心理困惑。 2. 了解和分析主人公的性格。 3. 根据课文中人与人的关系以及主人公对这一问题的看法，分析现代社会和传统社会中人际关系的差异。 4. 思考现代通信技术发展的利和弊。	1. 电话的发展历史。

二、教学步骤

1. 导入。介绍作者情况及课文内容。
2. 词语 1～41。词语辨析 1～5。
3. 第一部分课文(到“太轻率了”)。注释 1～3。语言点 1～2。
4. 词语 42～74。词语辨析 6。
5. 第二部分课文。注释 4～5。语言点 3～4。
6. 做“综合练习”。
7. 阅读与理解。

三、建议课时:6～7 课时。

叁 词语教学

一、重点词语讲解(见教材 p.26~28)

(8) 省却

A. 节省。~时间、~金钱、~财力、~物力、~人工。

B. 去掉。~麻烦、~烦恼、~苦恼、~手续、~环节。

(10) 固定

A. 形容词:~的时间、~的地点、~的座位、~的工作、~的人员、~的数量、~的位置、~的职业、~的工资、~的程序、~的方法。

B. 动词:被~住了;把钉子~在墙上;把人数~下来。

C. 近义词:稳定;反义词:变动、移动。

(11) 作风

A. ~+形容词:~好(坏)、~正派、~严肃、~粗暴、~优良、~认真、~顽强、~健康、~端正。

B. 形容词+的+~:谦虚的~、诚实的~、细致的~、朴素的~、庸俗的~、腐败的~、恶劣的~、正确的~、保守的~、基本的~、一贯的~、严谨的~。

C. 动词+~:形成~、存在~、造成~、带来~、培养~、树立~、发扬~、保持~、维护~、改变~、转变~、克服~、恢复~、缺少~、破坏~。

D. 近义词:风格。

(13) 故

多用于书面语,比如:大雾弥漫,~飞机推迟起飞。老师今天生病,~汉语课停课一次。现在学校的体制跟不上时代的发展,~必须进行改革。

(14) 追究

A. ~+名词:~责任、~原因、~过错、~根源、~历史、~背景、~罪行、~下落、~经过、~事件、~动机、~后果。

B. 形容词+~:彻底~、及时~、全面~、认真~、坚决~、主动~。

C. 近义词:追查、追问。

(16) 发行

A. ～＋名词：～书籍、～报纸、～杂志、～刊物、～邮票、～货币、～股票、～电影、～纪念币。

B. 形容词＋～：公开～、内部～、普遍～、正式～、顺利～、成功～、秘密～。

(20) 细节

A. 名词＋的＋～：事情的～、作品的～、戏剧的～、电影的～、动作的～、画的～、生活的～、历史的～、比赛的～、活动的～、故事的～。

B. 动词＋～：增加～、减少～、注意～、重视～、忽视～、描写～、表演～、设计～、选择～、观察～、安排～、删除～、确定～。

C. 形容词＋的＋～：真实的～、逼真的～、丰富的～、感人的～、生动的～。

D. 近义词：环节、情节、小节。

(21) 计较

A. ～＋名词：～小事、～报酬、～待遇、～地位、～态度、～得失、～名利(含贬义)。

B. 程度副词＋～：他这个人非常～；你别太～了。

(22) 扼要

A. ～的＋名词：～的语言、～的内容、～的文字、～的演讲、～的说明、～的解释、～的提纲。

B. ～地＋动词：～地说明、～地解释、～地回答、～地介绍、～地叙述、～地讲解、～地总结、～地分析。

C. 近义词：简明、简要；反义词：啰唆、烦琐。

(28) 偶然

A. ～的＋名词：～的情况、～的事件、～的现象、～的因素、～的机会。

B. ～＋动词：～遇见、～发现、～听说、～收到、～发生、～运动、～感冒、～见面、～购买、～阅读、～发烧、～批评、～收看。

C. 近义词：偶尔；反义词：必然。

D.【偶然——偶尔】

相同之处：

都可以做副词。都有不经常的意思。比如：

偶然/偶尔吃一次肉、偶然/偶尔去老师家、偶然/偶尔发生。

相异之处：

1.“偶尔”重在次数少,与“经常”相对;“偶然”重在意外,与“必然”相对。

2.“偶尔”只能做副词,“偶然”还可以做形容词,可以说“很～”。

3.“偶然”可以说“偶然性”,“偶尔”不行。

(29) 失误

A. 动词:这次他～了;～了好几次;从来不～;传球～;指挥～。

B. 动词+～:造成～、出现～、产生～、避免～、防止～、减少～、有一个～。

(32) 沟通

A. ～+名词:～文化、～思想、～想法、～感情、～关系、～信息、～情况、～南北、～两地、～两国(多用于积极的方面)。

B. 形容词+～:积极～、及时～、容易～、慢慢～、迅速～、直接～。

C. 近义词:相通;反义词:阻隔、隔断。

(36) 涉及

A. ～+名词:～文化、～经济、～交通、～隐私、～内容、～问题。

B. ～+词组/短句:这件事～很多人;这个问题～很多知识;学生评语～对老师的看法。

C. ～到:交通问题～到很多因素;文章内容～到很多典故。

D. 近义词:牵涉;反义词:无关。

(41) 轻率

A. ～的+名词:～的话、～的人、～的行为、～的举动、～的性格、～的结论。

B. ～地+动词:～地批评、～地下结论、～地决定、～地责备、～地处理。

C. 近义词:草率;反义词:慎重、谨慎。

(43) 何(人)

A. 书面语色彩比较强烈。

B. ～＋单音节名词:～事、～处、～地、～时、～物、～故。

(45) 沉闷

A. 沉重而烦闷:～的天气、～的气氛、～的生活、～的局面。

B. 不舒畅、不爽朗:～的心情、～的情绪、～的性格、～的声音、～的人。

C. 近义词:a. 沉重;b. 低沉、烦闷、郁闷;反义词:轻松、舒畅。

(49) 徒步

A. ～＋数量词:～三十公里、～一万米。

B. ～＋动词:～旅游、～上班、～前往、～前来、～行走、～行军。

(51) 作为

A. 名词:行为:一个人的～;评价他的～;每个人都有不同的～。

B. 动词:作出成绩:大有～、有所～。

C. 动词:当作:把书籍～最好的朋友;把今天～一个新的开始。

D. 介词,就某种身份或性质来说:～学生,要好好学习;这是～父母应尽的责任。

(59) 枯燥

A. ～的＋名词:～的话、～的人、～的课、～的生活、～的课文、～的内容、～的语言、～的数字、～的文章、～的故事、～的理论、～的学科。

B. 近义词:单调、乏味;反义词:有趣、生动。

(60) 奄奄一息

A. 做谓语:小狗被汽车撞倒,已经～了。

B. 做状语:他～地躺在病床上。

C. 做定语:大家都不忍心看老人那～的样子;这家公司已经到了～的地步。

D. 做补语:疾病把老爷爷折磨得～。

E. 近义词:气息奄奄;反义词:生气勃勃、生机勃勃。

(64) 局势

特指政治、军事方面的情况：～动乱、～稳定、～严重、～危急、～紧张、～复杂、～有利。

(67) 过分

A. ～的＋名词：～的话、～的行为、～的做法、～的态度、～的要求。

B. ～＋动词：～夸大、～贬低、～批评、～控制、～赞扬、～强调、～信任、～清洗。

C. ～＋形容词：～认真、～仔细、～轻松、～紧张、～简单、～安静、～老实、～谦虚、～小心、～热情。

D. 近义词：过头、过度；反义词：适当、适度。

(68) 鼓

A. 名词，打击乐器：锣～、腰～、手～、花～、打～、敲～。

B. 动词，敲：～掌、～琴。

C. 动词，发动：～动、～励、～舞、～起勇气。

D. 动词，凸起：～了一个包、～着嘴。

E. 形容词，凸起的程度高：钱包～～的；口袋装得很～。

(69) 摆脱

A. ～＋名词：～人、～事情、～工作、～困难、～状况、～恶运、～疾病、～危机、～情绪、～感情、～债务、～困境。

B. ～＋动词：～束缚、～干扰、～统治、～干涉、～影响、～压迫。

C. ～＋形容词：～麻烦、～苦闷、～痛苦、～忧愁、～贫困、～落后、～危险。

D. 近义词：脱离、解脱；反义词：陷入。

(71) 精密

A. ～的＋名词：～的仪器、～的电脑、～的手表、～的计划、～的结构。

B. 近义词：精确、精细；反义词：粗糙。

二、词语辨析部分的异同归纳及补充练习(见教材 p.29～33)

1. 不必——未必

◈ 相同之处：

	不必　　未必
1. 词性：	都是副词。

◈ 相异之处：

	不必	未必
1. 语义不同：（见例 1、2、3、4）	是“必须”的否定，意思是不需要，用不着。	是“必定”的否定，意思是不一定。

【练习】

① 一些生活上的事情你(　　　)管得太多,他自己会安排好的。
② 他虽然年纪还小,但(　　　)不明白你的意思。你不要小看这个孩子。
③ 电脑技术越来越先进了,但它(　　　)能代替得了人脑。
④ 晚会九点才开始,我们(　　　)去那么早,八点出发完全来得及。
⑤ A：听说你明天要搬家,我们去帮你吧。
　 B：谢谢！(　　　)了,我已经请了搬家公司。

2. 实惠——优惠

◈ 相同之处：

	实惠　　优惠
1. 语义：	都有价格低、有实际好处的意思。
2. 词性：	都是形容词。常常可以通用。见例 4、5、6、7。

◈ 相异之处：

	实惠	优惠
1. 语义：（见例 1、2、3）	没有这个意思。	有专指商家打折销售的意思。
2. 词性 1：（见例 8、9）	可以兼做名词。	不可以。
3. 词性 2：（见例 10、11、12）	不可以。	可以兼做动词。

【练习】

① 她习惯在商场搞(　　　)活动的时候去大量采购,这样能省一笔钱。

② 现在是销售淡季,所以这辆汽车给你(　　　)5%,怎么样?

③ 这是商场给的(　　　)券,可以免费喝咖啡,请您拿好。

④ 现在很多年轻人找工作追求(　　　),这种待遇低的工作很少有人愿意干。

⑤ 经过记者调查,发现买东西还是去批发市场最(　　　),又便宜又好。

3. 介意——在意

◆ 相同之处:

	介　意　　　在　意
1. 语义:	都有把不愉快的事情放在心上的意思。
2. 词性:	都是动词。(见例 5、6)

◆ 相异之处:

	介　意	在　意
1. 语义:(见例 1、2、3、4)	没有这个意思。	有思想上重视、留意的意思。

【练习】

① 他还是个不懂事的孩子,你对他说的话不必(　　　)。

② 老师解释的时候你不(　　　),到做作业的时候可不就糊涂了嘛。

③ 看着孩子一副毫不(　　　)的样子,妈妈真是气不打一处来。

④ 对于这些鸡毛蒜皮的小事,他是从来不会(　　　)的。

4. 虚伪——虚假

◆ 相同之处:

	虚　伪　　　虚　假
1. 语义:	都有跟实际不相符、不一致的意思。都是贬义词。
2. 词性:	都是形容词。

◆ **相异之处：**

	虚 伪	虚 假
1. 语义侧重点：（见例 1、2、3、4）	是“真诚”的反面，主要指人的语言、作风、行为等不诚实。	是“真实”的反面，指情况与事实不一样。
2. 搭配 1：（见例 5）	不能重叠。	可以重叠为“虚虚假假”。
3. 搭配 2：	不能扩展。	可以扩展为“弄虚作假”、“虚情假意”等词语。

【练习】

① 你别那么(　　　　)好不好？明明不喜欢非要说违心的话。
② 制造(　　　　)的名牌侵犯了人家的知识产权，是要受法律制裁的。
③ 在法庭上说(　　　　)的证词是违法的，这一点你一定要想清楚。
④ 他这个人说一套做一套，多(　　　　)啊。

5. 突兀——突然

◆ **相同之处：**

	突 兀　　　突 然
1. 语义：	都有发生得急促而出乎意料的意思。
2. 词性：	都是形容词。

◆ **相异之处：**

	突 兀	突 然
1. 语义：（见例 1、2、3、4）	有形容高耸的样子的意思。	没有这个意思。
2. 词性：（见例 5、6）	没有这个用法。	有副词的用法。
3. 语体：	多用于书面语。	口语和书面语都很常用。

【练习】

① 一座座(　　　　)的山峰构成了这里独特的风景，给人留下深刻的印象。
② 小狗不知听到了什么，(　　　　)一跃而起，把大家吓了一跳。
③ 一个已经离开了十年的人的出现让所有的人都感到很(　　　　)。
④ 消息来得太(　　　　)了，大家一时都反应不过来。

6. 迷惑——困惑

◆ 相同之处：

	迷 惑　　困 惑
1. 语义：	都有不清楚、不明白的意思。
2. 词性：	都是形容词。

◆ 相异之处：

	迷 惑	困 惑
1. 语义侧重点：（见例1、2）	侧重在不清楚，不懂。	侧重在觉得困难，不知道怎么处理。
2. 词性：（见例 3、4）	可以做动词。	没有这个用法。

【练习】

① 到底是先有蛋还是先有鸡呢？这实在是个令人(　　　)的问题。

② 我们差点儿被她的花言巧语给(　　　)住了，幸亏有你的提醒。

③ 这些说得好听的广告很容易(　　　)人，大家一定要小心噢！

④ 每当我感到(　　　)的时候，常常会去请教我的父母。

肆　课文教学

一、课文教学说明(课文见教材 p.22～25)

1. 关于文体：本文是一篇短篇小说。

2. 关于内容：本文通过主人公江世平打电话的奇特经历，反映了现代人的生活状态和内心苦恼，引发人们去思考先进的科学技术给人类生活带来的多方面影响。虽然篇幅不长，但故事情节曲折生动，人物性格鲜明突出，特别是一些细节描写和人物语言描写耐人寻味。

3. 关于语言：这篇小说在语言上也很有特色，词语平易，句式简洁，但又不失灵动，使全文产生一种快捷而又流畅的节奏感，表现了亦舒作品的特色。

4. 在进行本课文的教学时，教师可以在教授词语、句式，朗读、讲解课文的基础上，引导学生分析人物性格和心理，利用课文前后的思考题启发学生思考课文所反映的社会问题，使学生的学习不仅仅停留在词句和课文故事上，而对课文的内容有一个比较深入的认识。

5. 根据教学经验,在学习和讨论本课时,学生中会出现一些不同的看法,这正好是展开课堂讨论的一个契机。教师要通过引导和启发,既让学生充分表达自己的意见,又把握住学生对课文的总体认识。

二、课文内容提问

1. 江世平是怎么样开始对录音电话感兴趣的?
2. 江世平认为录音电话有什么好处?
3. 说说江世平追要杂志的经过。
4. 江世平对录音电话有什么"同许多人相反"的看法?这说明她是个什么样的人?
5. 江世平是怎么跟余家兄弟联系上的?
6. 江世平在与余家兄弟通话时,为什么突然挂断了电话?
7. 江世平觉得录音电话对单身女子有什么好处?
8. 根据课文内容来看,丘珠英是个什么样的人?她的梦境说明了什么?
9. 江世平为什么在电话中劝丘珠英与男朋友分手?
10. 你觉得江世平为什么会"身不由主"地再次拨通余家兄弟的电话?
11. 江世平按"14"时,为什么需要"鼓起勇气"?
12. 江世平最后做出了什么决定?请你猜测一下这个故事后面的发展情况。

三、教学活动建议

1. 提前布置学生寻找资料,每人说一个自己熟悉的科学发明以及它的意义。
2. 分组讨论,一组一个问题,或几组共同讨论一个问题,然后进行总结:
   A. 你通常是怎么跟家人和朋友联系的?根据你的经验,手机和电话各有什么优势?
   B. 你认为在现代社会中,电话和手机是缩短了人们之间的距离,还是加大了这种距离?为什么?
   C. 你对课文中的余家兄弟和他们的行为有什么看法?
   D. 你认为先进的科学技术给我们带来了什么?请你设想一下,随着科学技术的发展,未来的社会还会发生什么变化?

伍 参考答案

一、词语辨析部分补充练习(见使用手册 p.22～25)参考答案

1. 不必——未必

① 不必　② 未必　③ 未必　④ 不必　⑤ 不必

2. 实惠——优惠

① 优惠　② 优惠　③ 优惠　④ 实惠　⑤ 实惠

3. 介意——在意

① 介意 / 在意　② 在意　③ 在意　④ 介意 / 在意

4. 虚伪——虚假

① 虚伪　② 虚假　③ 虚假　④ 虚伪

5. 突兀——突然

① 突兀　② 突然　③ 突兀 / 突然　④ 突然

6. 迷惑——困惑

① 迷惑 / 困惑　② 迷惑　③ 迷惑　④ 迷惑 / 困惑

二、语言点练习(见教材 p.33～36)参考答案

1. 谈不上

【练习】用“谈不上”或“谈得上”完成句子和对话：

(1) 那家公司也不算是知名的大企业,但在当地已经是很有实力的了。

(那家公司也不算是知名的大企业，但在当地已经谈得上是很有实力的了。)

(2) 在我看来,章子怡作为一个演员,她的演技谈得上是很有特色的。

(3) A：你知道在唐代有个叫李白的大诗人吗？

B：当然知道。他谈得上是中国古代最伟大的诗人之一了。

(4) A：我现在的电脑用的是 Windos XP 这个系统。你的呢？

B：我的也是。目前整个系统谈得上是最普及的电脑软件了。

2. 好不

【练习】用“好不”改写或完成下面的句子和对话：

(1) 姚明打篮球的时候非常神勇,怪不得现在成了 NBA 的明星。

(姚明打篮球的时候好不神勇，怪不得现在成了 NBA 的明星。)

(2) 当她接到名牌大学的录取通知书的时候,内心好不激动!

(3) A：在昨天你看的电影里,成龙的表现怎么样?

B：他的表现好不精彩,太吸引人了!

(4) A：听说昨天你和朋友们出去郊游了?

B：是啊,昨天天气很好,我们玩得好不开心。

3. 不是……就是……

【练习】用“不是 A 就是 B”完成句子：

(1) 他平时喜欢看的片子就是爱情片和武侠片,其他的都不太感兴趣。

(他平时喜欢看的片子不是爱情片就是武侠片，其他的都不太感兴趣。)

(2) 在学校里我常常参加的体育活动不是踢足球就是打乒乓球。

(3) A：你认为他们俩发生矛盾的主要原因是什么?

B：我觉得不是因为房子就是因为钱的事。

(4) A：我看你是个喜欢动物的人。你们家里养宠物吗?

B：你说对了。我们家不是养猫就是养狗,家里总是有宠物。

(5) A：你大学毕业后想找什么样的工作?

B：我想不是去公司工作就是去国家机关当公务员。

4. 如此

【练习】用“如此＋形容词 / 动词”改写或完成下面的句子和对话：

(1) 我家新来了一只小狗,长得非常可爱,全家人没有不喜欢它的。

(我家新来了一只小狗,它长得如此可爱,全家人没有不喜欢它的。)

(2) 经过一番修饰打扮,她显得如此精神焕发,跟平时完全不一样了。

(3) 这孩子简直是个运动天才,他跑得如此之快,跳得如此之高,一般人无法跟他相比。

(4) A：在学生的眼里,音乐老师是个什么样的人?

B：在学生眼里,她是如此的和蔼可亲,同学们没有不喜欢她的。

(5) A：上海为什么对你有这么大的吸引力呀？

B：上海这个城市建筑是如此漂亮，街道是如此繁华，我当然喜欢它啦！

三、部分“综合练习”(见教材 p.37～41)参考答案

Ⅰ词语练习

一、填入合适的名词

更换(号码)　　摆脱(困境)　　渴望(自由)

省却(时间)　　订阅(报刊)　　发行(邮票)

固定的(地点)　　虚伪的(言语)　　偶然的(事件)

二、填入合适的动词

(选择)题材　　(设计)细节　　(关注)局势

(培养)作风　　(观察)宇宙　　(了解)公众

(保护)隐私　　(有所)作为　　(回忆)梦境

三、填入合适的量词

一(所/座/幢/栋)住宅　　一(架)飞机　　一(只)股票

四、写出下列词语的近义词或反义词

(一) 写出近义词

寂寞——孤寂/孤单/孤独　　诧异——惊异/惊奇/惊讶

轻率——草率/随便　　实惠——优惠/好处

居然——竟然　　彷徨——徘徊/犹豫/踌躇

突兀——突然/忽然

(二) 写出反义词

虚伪——真诚/诚恳/诚实/诚挚　　偶然——必然

沉闷——轻松/活泼　　枯燥——生动/有趣

过分——适度/适当　　精密——粗糙

迷惑——清楚/明白

五、选词填空

(一) 1. 固定　2. 流涕　3. 徒步　4. 编辑　5. 追究

6. 计较　7. 寒暄　8. 失误　9. 涉及　10. 沟通

(二) 1. 虚伪　2. 不必　3. 突然　4. 介意 / 在意
5. 在意　6. 突兀　7. 迷惑　8. 迷惑
9. 虚假　10. 实惠　11. 在意　12. 未必　13. 优惠

六、解释句子中画线词语的意思

1. B　2. C　3. A　4. B　5. A　6. C

七、判断指定的词语应放在句子中 A、B、C、D 哪个位置上

1. B　2. C　3. A　4. D　5. B　6. A　7. C　8. C　9. A

Ⅱ 课文理解练习

一、根据课文内容判断正误

1. ×　2. √　3. √　4. ×　5. √　6. √　7. ×
8. ×　9. ×　10. √　11. √　12. √　13. ×　14. ×

四、部分“阅读与理解”(见教材 p.43～44)参考答案

(一) 根据上面的文章选择正确的答案

1. C　2. B　3. A　4. B　5. C　6. B　7. C　8. A

陆　文化知识点补充说明

关于电话

一、电话的发明

目前，大家公认的电话发明人是贝尔，他是在 1876 年 2 月 14 日在美国专利局申请电话专利权的。其实，就在他提出申请两小时之后，一个名叫 E.格雷的人也申请了电话专利权。他们俩的发明使用了不同的原理。1877 年，爱迪生又取得了发明碳粒送话器的专利。同时，还有很多人对电话的工作方式进行了各种各样的改进。所以，关于电话的专利之争错综复杂，直到 1892 年才算告一段落。造成这种局面的一个原因是，当时美国最大的西部联合电报公司买下了格雷和爱迪生的专利权，与贝尔的电话公司对抗。经过长时间的专利之争，双方达成一项协议，就是西部联合电报公司完全承认贝尔的专利权，并且从此不再从事电话业，交换条件是 17 年之

内分享贝尔电话公司收入的20%。

二、电话技术的发展

电话发明后的几十年里,围绕着电话技术的发展,大量的专利被申请,Strowger的"自动拨号系统"减少了人工接线带来的种种问题,干电池的应用缩小了电话的体积,装载线圈的应用减少了长距离传输的信号损失。1906年,Lee De发明了电子试管,它的扩音功能领导了电话服务的方向。后来贝尔电话实验室根据这项发明制成了电子三极管,这项研究具有重大意义。1915年1月25日,第一条跨区电话线在纽约和旧金山之间开通。它使用了2500吨铜丝,13万根电线杆和无数的装载线圈,沿途使用了3部真空管扩音机来加强信号。1948年7月1日,贝尔实验室的科学家发明了晶体管。这不仅对于电话发展有重大意义,而且对于人类生活的各个方面都有巨大的影响。其后几十年里,又有大量新技术出现,例如集成电路的生产和光纤的应用,这些都对通信系统的发展起了非常重要的作用。可以说,电话发展到今天,是很多代人共同努力的结果。

三、电话在中国

鸦片战争后,西方列强在侵略中国的同时,也把近代的邮政和电信带到了中国。1881年,英籍电气技师皮晓浦在上海十六铺沿街架起一对露天电话,付36文制钱可通话一次。这是中国出现的第一部电话。1889年,安徽省安庆州候补知州彭名保,自行设计、制造了五六十种大小零件,造出一部电话,震惊中外。1900年,南京出现了第一部市内电话;1904年至1905年,俄国在烟台至牛庄架设了无线电台。中国古老的邮驿制度和民间通信机构就这样被先进的邮政和电信逐步替代。

1949年以前,中国电信系统发展缓慢,到1949年,中国电话的普及率仅为0.05%,电话用户只有26万。

1949以后,政府迅速恢复和发展通信。1958年建起来的北京电报大楼成为新中国通信发展史的一个重要里程碑。十年"文革",邮电再次遭受打击,一直亏损,业务发展停滞。到1978年,全国电话容量359万门，用户214万，全国电话普及率仅为0.38%。

改革开放后，落后的通信网络成为经济发展的瓶颈，自上世纪80年代中期以来，中国政府加快了基础电信设施的建设，信息通信得到飞速发展。按照信息产业部的规划，到2008年，中国电话用户总数将达到9.76亿户，固定电话、手机的普及率将分别达到27.1%和46.4%。中国的电话用户总数占全球电话用户总数的五分之一。

目前，人类已经进入了信息化的时代。随着科学技术的进步，数字方式以其明显的优越性再次得到重视，数字程控交换机、数字移动电话、光纤数字传输等等，会使人类的通信技术越来越先进，也会不断地给人类社会带来新的变化。

第三课　一诺千金

壹　背景材料

一、作者秦文君,中国当代优秀的儿童文学作家之一。1954年生于上海。1971年赴黑龙江大兴安岭塔林林场插队务农。

1984年毕业于华东师范大学语言文学系,后历任上海少儿出版社编辑,上海《儿童文学选刊》主编,副编审。中国作家协会全国委员会委员,上海市作家协会副主席,上海市文联委员。

1981年开始发表作品。1988年加入中国作家协会。

二、秦文君的主要作品有:《秦文君文集》(5卷),儿童文学集《变变变》、《十六岁少女》、《男生贾里全传》、《小鬼鲁智胜》、《调皮的日子》、《小人精丁宝》、《小丫林晓梅》、《女生贾梅全传》等。

三、秦文君曾获国际安徒生奖提名奖;儿童文学《男生贾里》获1997年全国优秀少儿读物一等奖、1997年中国作家协会儿童文学奖及上海市第三届文学艺术奖,《宝贝当家》获1997年全国五个一工程奖,《四弟的绿庄园》获1998年冰心儿童文学奖,《秦文君中篇儿童小说选》获1995年台湾杨唤儿童文学奖,《家有小丑》获1996年台湾九歌儿童文学奖。共计获得四十多种奖项。

四、《开心女孩》,《男生贾里》等作品除出版了中文繁体字版外,还有日文版、英文版、德文版在海外发行,并畅销新加坡、马来西亚等地。《小鬼鲁智胜》、《男生贾里》、《家有小丑》等十余部作品被改编为电影、电视连续剧先后播映。

五、秦文君的小说之所以能在校园中受到欢迎,主要是因为她的作品能够从儿童的视角出发，真实地展现儿童的所思所行，语言风趣幽默，且不乏感人之处，非常富于感染力，有人把她的作品誉为“新时期少年儿童的心灵之作”。

贰 教学目标与步骤

一、教学目标

语言	内容	文化
1. 理解并运用本课的重点词语（见“重点词语讲解”）。 2. 掌握词语辨析： （1）完毕—完结 （2）为难—难为 （3）随意—随便 （4）固执—顽固 （5）无愧—不愧 3. 掌握语言点： （1）不外乎 （2）……之类 （3）是否 （4）较之于 （5）大＋动词 （6）且不说……，就是……也/都…… （7）大为 （8）何足	1. 准确理解作者所讲的几个小故事的含义。 2. 通过作者所讲的几个小故事体会什么是“一诺千金”；并了解“一诺千金”在中国是一种传统美德。 3. 进一步理解作者为什么那么重视“一诺千金”这种品德，并认为这不光是一种个人的作风，而且代表了人性的光辉和人类的理想。 4. 思考“一诺千金”在现代社会中的意义。	1.“一诺千金”的来历。 2.“一言既出，驷马难追”的来历。

二、教学步骤

1. 导入。介绍课文内容及背景。
2. 词语 1～30。词语辨析 1～4。
3. 第一部分课文(到“仿佛可以给我变出许许多多快乐和光明”)。注释 1～2。语言点 1～3。
4. 词语 31～59。词语辨析 5～6。

5. 第二部分课文。注释3～6。语言点4～7。
6. 做“综合练习”。
7. 阅读与理解。

三、建议课时：7～8课时。

叁　词语教学

一、重点词语讲解（见教材p.48～50）

(1) 一诺千金

A. 也可以说“千金一诺”。
B. 作定语：我喜欢～的人；他真是个～的人，说到做到。
C. 作谓语：他这个人～，大家都很信任他。
D. 作主语：～是一种高尚的道德。
E. 近义词：言而有信；反义词：言而无信。

(5) 蹒跚

A. ～的＋名词：～的脚步、～的步伐、～的样子。
B. ～地＋动词：～地行走、～地走来、～地离开；～而行。
C. 近义词：踉跄；反义词：稳健、灵便。

(8) 新生

A. 形容词，刚产生的：～婴儿、～事物、～学科、～行业、～力量。
反义词：腐朽、陈旧。
B. 名词，新生命：获得～、得到～。
C. 名词，新学生：欢迎～、汉语学院的～。反义词：老生。

(10) 难堪

A. ～的＋名词：～的表情、～的样子、～的眼神。
B. ～地＋动词：～地笑、～地说、～地离开、～地回答、～地站在那儿。
C. 近义词：尴尬、难为情。

(13) 信用

A. 动词＋～：有～、讲～、守～、失去～、破坏～、爱护～、重视～、保护～、得到～、讲究～。

B. 近义词：信誉。

C. 信用——信誉

相同之处：都有在能够履行跟人的约定而取得信任的意思；都是名词。

相异之处：

a. "信用"还可以指银行借贷或商业上的赊销、赊购，可以组合成"信用社"、"信用卡"等；"信誉"没有这个意思，也没有这些用法。

b. "信誉"还包含有"名誉"的意思，"信用"没有。

c. 都可以用于人、团体等，但"信誉"还可以指产品、商品、商标、字号等。

d. "信誉"可以跟崇高、广泛、卓著等词语搭配，"信用"不可以。

(17) 哑

A. 形容词，不能说话：聋～、～剧、～口无言；一场大病之后，他就～了。

B. 形容词，声音低沉或不能发出声音：沙～、～嗓子；嗓子都喊～了。

(19) 患

A. 动词，害(病)：～病、～感冒、～处、～者。

B. 祸害；灾难：祸～、后～、水～、隐～、～难与共、防～于未然。

C. 忧虑：忧～、～得～失、内忧外～、有备无～、心腹之～。

(20) 如期

A. ～＋动词：～举行、～归还、～到达、～建成、～打开、～来到。

B. 近义词：按期、按时；反义词：过期、超期。

(24) 乏：

A. 累：疲～、解～、走～了、～极了、人困马～。

B. 缺少：～味、不～其人、空～、贫～。

(27) 十万火急：

A. 作谓语：这件事情～，必须马上去办。

B. 作定语：这是一件～的事情，必须马上去办。

C. 近义词：急如星火、迫不及待。反义词：慢条斯理。

(29) 震撼

A. 指具体事物：一声春雷～大地；巨大的声音～了全楼；狂风大雨～着城市；爆炸～了整个城市。

B. 指抽象事物：这次事件～了全国；这部作品～了人们的心灵。

C. 近义词：震动、震荡；反义词：静止、平静。

(31) 深切

A. ～的＋名词：～的感情、～的情义、～的思念、～的印象、～的记忆、～的痛苦、～的关怀、～的谢意。

B. ～地＋动词：～地爱、～地思念、～地怀念、～地感到、～地感谢、～地关怀、～地同情、～地了解、～地理解、～地认识、～地打动。

C. 近义词：深挚、深厚；反义词：浅薄、淡薄。

(33) 严谨

A. ～的＋名词：～的人、～的作风、～的态度、～的结构、～的层次、～的布局、～的语言、～的构造、～的构思、～的方法、～的理论。

B. 动词＋～：教学～、创作～、为人～、办事～、说话～。

C. 近义词：谨严；反义词：粗疏、粗放。

(37) 牢靠

A. 坚固、稳固。

指具体的事物：～的梯子；架子很～；～的门窗、～的家具、～的桌椅。

指抽象的事物：～的基础、～的记忆、～的知识。

近义词：牢固、坚固。

B. 稳妥，可以信任依靠。

～的＋名词：～的人、～的话、～的朋友、～的诺言、～的公司。

名词／动词＋～：做事～、说话～、处世～、感情～、友谊～、关系～。

近义词：可靠、稳妥。

(38) 内涵

A. 语言所包含的内容：这首小诗的～非常丰富；这个概念的～很丰富。

我不能理解这句话的～。

B. 指人的内在的修养:小兰是个很有～的女孩。

(40) 郑重

A. ～的＋名词:～的态度、～的语气、～的口气、～的样子、～的表情、～的话语、～的方式。

B. ～地＋动词:～地说、～地回答、～地声明、～地宣布、～地指出、～地讲话、～地告诉、～地分析、～地研究、～地承诺。

C. 近义词:慎重、庄重;反义词:随便、随意。

(41) 诚挚

A. ～的＋名词:～的友谊、～的感情、～的爱情、～的情谊、～的心意。

B. ～地＋动词:～地问候、～地祝贺、～地交谈、～地感谢、～地请求、～地希望、～地邀请、～地回答。

C. 近义词:真挚、真诚;反义词:虚伪。

(42) 磊落

A. ～的＋名词:～的人、～的言行、～的行为、～的态度、～的胸怀。

B. 常用搭配: 光明～;～大度;～大方。

(43) 落地生根

A. 指植物容易成活:这种草～,很容易成活。

B. 指人在一个地方稳定地居留:他已经在北京～了。

C. 课文中指说话算数:他说的话～,决不会改变。

(47) 正气

A. 褒义词。

B. 动词＋～:发扬～、充满～、形成～、伸张～、胸怀～。

C. 反义词:邪气。

(48)大千世界

A. 佛教用语,世界的千倍叫小千世界,小千世界的千倍叫中千世界,中千世界的千倍叫大千世界,总称三千大千世界。后来泛指广阔无边的世界。

B. 做主语：～，无奇不有。

C. 做宾语：孩子睁开眼睛，惊奇地看着这个～。

(52) 失信

A. 做谓语：他常常～；我对朋友从不～。

B. ～于……：政府不能～于民；作父母的不能～于孩子。

C. 反义词：守信。

(54) 折扣

A. 买东西时便宜：有～、打～、～率。

B. 比喻事物的数量或质量下降的程度：通过这件事，我对他的好感打了～；他做了欺骗别人的事，所以信誉已经打～了。

(57) 袭

A. 照原来的样子做：抄～、沿～。

B. 袭击：空～、夜～、偷～。

C. 形容扑面而来：花香～人、寒气～人。

D. 心里产生：～上心头。

E. 量词：一～长袍、一～婚纱。

(60) 逊色

A. 名词：毫无～、稍有～、大有～。

B. 形容词：毫不～、大大～；两本书相比，这本～一些。

C. ……比……～多了(很多)：这所小医院的医疗水平比协和医院～多了。

D. 近义词：差劲；反义词：出色。

(63) 风雨无阻

A. 做谓语：明天上午在西门见面，～；他们俩～，每天准时去上课。

B. 做状语：～地工作、～地去上课、～地去照顾老人。

(64) 瑟瑟

A. 形容很小的声音：秋风～、落叶～。

B. 形容颤抖的样子：～发抖。

(72) 升华

一般指抽象的事物,褒义词:经过修改,他的作品内容~了;他的思想感情~到了一个新的高度。

(73) 区区

常用搭配:~小事、~10块钱、~一件衣服、~老百姓。

(75) 看重:

A. ~+名词:~家庭、~成绩、~爱情、~能力、~学历、~条件。
B. 程度副词+~:非常~。
C. 近义词:重视;反义词:看轻、轻视、小看。

(77) 腾

使空出来:~时间、~地方、~房子、~人手、~空。

二、词语辨析部分的异同归纳及补充练习(见教材p.51~55)

1. 完毕——完结

◆ 相同之处:

	完毕　　完结
1. 语义:	都有结束的意思。
2. 词性:	都是动词。

◆ 相异之处:

	完毕	完结
1. 语义侧重点:(见例1、2、3、4)	着重在事情的过程,表示已经完成。	着重在事情的结果,表示不再存在。
2. 搭配:(见例子)	动词+完毕。	名词+完结。

【练习】

① 检查(　　　)后,医生向病人解释了目前的情况。
② 现在事情还没有(　　　),还需要我们做进一步的研究和处理。
③ 接到一个短信后,他没等会议(　　　)就匆匆离开了。
④ 道路还没有修理(　　　),所以目前这个地区还不能通车。

⑤ 一个学期(　　　)了,同学们旅游的旅游,回家的回家。

2. 为难——难为

◆ **相同之处:**

	为　难　　　　难　为
1. 语义:	都有作对或刁难的意思。
2. 词性:(见例 5、6)	都可以做动词。

◆ **相异之处:**

	为　难	难　为
1. 语义(一):(见例 1、2)	没有这个意思。	还有"多亏"的意思,指做了不容易做的事。
2. 语义(二):(见例 3、4)	没有这个用法。	可以用于客套话,用于感谢别人为自己做事。
3. 词性:(见例 7、8)	动词、形容词。	动词。

【练习】

① 这么多事情都压在你一个人身上,真(　　　)你了。

② A:我已经帮你把东西都收拾好了。

　B:(　　　)你想得这么周到。太感谢啦!

③ 他的朋友请他马上去机场接机,这让他很(　　　),因为公司正好有重要的事情需要处理。

④ 别(　　　)他了,还是我自己来解决这个问题吧。

⑤ 爷爷奶奶让我学医学,爸爸妈妈让我学法律,这可让我太(　　　)了!

3. 随意——随便

◆ **相同之处:**

	随　意　　　　随　便
1. 语义(一):(见例 1、2)	在做动词时,都有任由某人的心意活动的意思。
2. 语义(二):(见例 3、4)	在做形容词时,都有不受拘束、不受限制的意思。
3. 语义(三):(见例 6、7)	在做副词时,都有不加限制的意思。

◆ 相异之处：

	随 意	随 便
1. 语义：（见例5）	没有这个意思。	在做形容词时，还有指人自由散漫的意思，含贬义。
2. 搭配：（见例8）	不可以。	在做动词时，可以带宾语。
3. 重叠：（见例9）	不可以。	在做形容词时，可以重叠。
4. 词性：（见例10、11）	不可以。	还可以做连词。

【练习】

① 作为老师，在学生面前要注意自己的形象，不能(　　　)的。

② 孩子大了，也不听父母的话了，只好(　　　)他吧。

③ 这个公司的老板特别好，允许员工带宠物上班，上班的时间也(　　　)我们的(　　　)。

④ 这条裙子的颜色很好，你可以(　　　)搭配各种上装。

⑤ 这只小狗真有意思，(　　　)主人走到哪儿，它就跟到哪儿。

4. 固执——顽固

◆ 相同之处：

	固 执　　顽 固
1. 语义：	都有坚持意见，不肯改变的意思。
2. 词性：	都是形容词。

◆ 相异之处：

	固 执	顽 固
1. 语义轻重不同：（见例1、2）	语义程度较轻。	语义程度较重。
2. 搭配（一）：	有固定搭配：固执己见。	没有这种用法。
3. 搭配（二）：见书上的例子	多用于性格、看法等。	多用于立场、弊端等。
4. 搭配（三）：	没有这种用法。	可以构成“老顽固”、“顽固派”等词语。

【练习】

① 多听听别人的意见没坏处，别总是(　　　)己见。

② 这种皮肤病很(　　　)，一到夏天就容易反复发作，平时一定要多

注意。

③ 老王是个(　　　　)的人,一旦拿定主意,你说什么他都不会听的。

④ 我爷爷在抽烟方面是个(　　　　)派,医生跟他说了多少次都没用。

⑤ 他提出的改革设想受到(　　　　)势力的竭力反对,半途流产了。

5. 无愧——不愧

◆ 相同之处:

	无　愧　　　不　愧
1. 语义:	一般都用于表示褒义的方面。

◆ 相异之处:

	无　愧	不　愧
1. 语义:(见例 1、2)	没有什么感到惭愧的地方。	表示当得起。
2. 词性:(见例 3、4、5、6、7)	动词,常与“于”连用。	副词,常与“是”、“为”连用。

【练习】

① 我觉得我对待工作的态度是尽心尽力的,所以我问心(　　　　)。

② 刘导演执导的电影几乎部部获奖,(　　　)是一位优秀的电影艺术家。

③ 在照顾父母的问题上,我觉得自己的行为(　　　　)于心。

④ (　　　　)是国家一级运动员,100 米轻轻松松就能跑进 10 秒。

⑤ 他在关键时刻舍身救人,表现了伟大的英雄主义精神,(　　　　)于警察这个称号。

肆　课文教学

一、课文教学说明(课文见教材 p.45～47)

1. 关于文体:这是一篇夹叙夹议的散文。

2. 关于内容:在这篇课文中,作者讲了两个关于“守信用”的故事,从正反两个方面表现了“一诺千金”这种传统美德在现代人身上的真实反映和所折射出来的人性的光芒。作者把这种美德的现实意义提升到了一个很高的程度,认为这是一个优秀的、成功的人必须具备的品德,它表现了人性的真善美,以及人类的正气和美好理想。“守信用”这个古老而平凡的主题在作者的笔下被表现得既有新意又有深度。

3. 关于语言：这篇文章的语言，叙述的部分平实而又流畅，议论的部分则词语丰富，充满激情，两者结合，形成了一种起伏多姿的语言风格，具有很强的感染力。

4. 建议在教学中，教师应引导学生从日常生活的具体事例中来体会一诺千金的重要意义，也可以通过文化比较来强调这种美德的普遍价值，从而引起学生对课文内容的认同感。

二、课文内容提问

1. 那个男生问"我"借钱，"我"为什么犹豫？
2. "我"在什么情况下把钱借给了那个男生？
3. 描述一下"第五天"发生的事情。
4. 那个男生为什么要向"我"借钱？他后来是怎么还钱的？
5. 从这个男生的行为我们可以看出他个什么样的人？
6. "我"与那个男生只有一次交往，但为什么会留下"绵长而深切的震撼"？
7. 你在小学或中学时代遇到过什么难忘的人或事吗？
8. "我"为什么如此看重"一诺千金"这种作风？
9. "我"认为什么样的人"做人的光彩会大为逊色"？
10. "我"在大雨中等人时，又遇到了什么样的事情？
11. 那个"朋友"为什么没有来赴约？"我"对她没来的理由有什么看法？
12. "我"为什么更爱回想那两个相会在暴雨中的少年？
13. 在"我"看来，"少年"和"朋友"的不同行为说明了什么？

三、教学活动建议

1. 两人一组，复述课文中的两个故事。然后老师挑选两位在全班面前复述。
2. 分组讨论，一组一个问题，然后进行总结：
   A. 说一件你遇到的"守信"或"失信"的事情，以及你的感受。
   B. 读了全文，你对"一诺千金"这个词有什么样的理解？谈谈你对这个词或文章内容的看法。
   C. 你认为"一诺千金"在现代社会中还有存在的意义吗？
   D. 在你看来，在一个人所应该具备的品德中，哪些是最重要的？

伍　参考答案

一、词语辨析部分补充练习(见使用手册 p.40～43)参考答案

1. 完毕——完结

①完毕　②完结　③完毕　④完毕　⑤完结

2. 为难——难为

①难为　②难为　③为难　④为难／难为　⑤为难

3. 随意——随便

①随随便便 ②随便　③随(我们的)意　④随便／随意　⑤随便

4. 固执——顽固

①固执　②顽固　③固执　④顽固　⑤顽固

5. 无愧——不愧

①无愧　②不愧　③无愧　④不愧　⑤无愧

二、语言点练习(见教材 p.55～59)参考答案

1. 不外乎

【练习】用"不外乎"完成句子：

(1) 他每天的生活都是"两点一线"；不是上班就是回家吃饭、睡觉、看书。

(他每天的生活都是"两点一线"，不外乎就是上班、回家吃饭、睡觉、看书什么的。)

(2) 一般人心情不好有各种各样的原因；归纳起来看，包括主观和客观两方面。

(一般人心情不好有各种各样的原因，归纳起来看，不外乎包括主观和客观两个方面。)

(3) 老刘是个"孔子迷"，平时说的、看的不外乎都是跟孔子有关的东西。

(4) 这家电脑公司生产的产品不外乎就是硬件和软件之类的东西。

2. ……之类

【练习】用"……之类"改写或完成句子：

(1) 面条、包子、饺子；既好吃又有营养，我都很喜欢。

(面条、包子、饺子之类的食品，既好吃又有营养，我都很喜

欢。)

(2) 他们一家都酷爱运动;篮球、排球、跑步等运动他们常常做。

(他们一家都酷爱运动,篮球、排球、跑步之类的运动他们常常做。)

(3) 我们学过的很多成语都是从古代的故事里来的,比如像一诺千金、守株待兔、亡羊补牢之类的,都是这种情况。

(4) 昼夜颠倒的生活和暴饮暴食之类的生活方式,都是对健康有害的,必须加以改变。

3. 是否

【练习】用"是否"完成下面的对话:

(1) A:你不是说暑假要去九寨沟旅行吗?现在准备得怎么样了?

B:听说那边正在下大雨,是否能去还不好说呢。

(2) A:我是个进化论者,相信人是从猴子进化而来的。你呢?

B:我觉得人是否是从猴子变来的,这个问题还真不好说呢。

(3) A:那部电影是名导演拍的,里面又全是名演员,一定能得奖。

B:我看虽然有名导演和名演员,但是否能得奖可就不一定了。

(4) A:你还是去考研究生吧,我觉得人的学历越高,能力就越强。

B:学历是否一定能代表能力呢?我觉得这是因人而异的。

4. 较之于

【练习】根据下面提供的内容,用"较之于"写出完整的句子:

(1) 南方的天气和北方的天气

(南方的天气较之于北方的天气更加温暖湿润。)

(2) 这种牌子的电脑和别的牌子的电脑

(这种牌子的电脑较之于别的牌子的电脑速度更快,功能更多。)

(3) 我的这个朋友的性格和那个朋友的性格

(我的这个朋友的性格较之于那个朋友的性格,显得更加温和宽厚。)

(4) 麦当劳和肯德基

(麦当劳较之于肯德基在全球的销售网点更多。)

5. 大

【练习】选择上面的词语填空：

(1) 他把那笔重要的生意做砸了，总经理对他(大失所望)。

(2) 要扩展这篇文章的内容还(大有余地)，你再仔细思考一下。

(3) 虽然国家已经立法保护野生动物，但偷猎野生动物还是(大有人在)。

(4) 祝贺你找到了理想的工作，这下你可以(大有作为/大显身手)了。

(5) 这里的自然风景本来非常美丽，但加上了这些人造的东西以后，真是(大煞风景)。

(6) 爸爸知道了我的糟糕的考试成绩以后，(大发雷霆)，都快把我吓死了。

6. 且不说……，就是……也

【练习】用“且不说……，就是……也”改写或完成句子：

(1) 那件事他谁都没有告诉；一般朋友；妻子孩子。

(那件事他谁都没有告诉。且不说一般朋友，就是妻子孩子他也没说。)

(2) 他是一个快乐的人；天气好的时候；天气不好的时候。

(他是一个快乐的人，且不说天气好的时候，就是天气不好的时候也总是高高兴兴的。)

(3) 他是一个非常细心体贴的丈夫，且不说妻子生病时，就是平时也把妻子照顾得很周到。

(4) 我朋友是个超级网迷，且不说平时常常去打球，就是考试前也不放过打球的机会。

7. 大为

【练习】用“大为”改写或完成句子：

(1) 我从云南出差回来，给妈妈带了她最喜欢的蜡染工艺品，把妈妈高兴坏了。

(我从云南出差回来，给妈妈带了她最喜欢的蜡染工艺品，妈妈大为高兴。)

(2) 当我告诉他，我们的好朋友小李是个杀人犯时，他大为吃惊。

(3) 小马跳槽到了另一家国际知名的大公司，对自己的工作大为满意。

(4) 回国后，同学们听了我说的汉语，认为我的水平大为提高。

8. 何足

【练习】用上面所举的例子改写对话或完成句子：

(1) A：你敢不敢在深夜一个人外出？
B：那有什么不敢？黑暗对我来说是小事，不值得害怕。
(那有什么不敢？黑暗对我来说是小事，何足挂齿！)

(2) A：这次你帮了我这么大的忙，真不知道怎么感谢你。
B：咱们是好朋友，说这些客气话干吗？
(咱们是好朋友，区区小事，何足挂齿。)

(3) 这种树在北方很少见，但在我的老家南方就有很多，不足为奇。

(4) 睡眠的长短对人体的健康很重要，并不是无足轻重 / 微不足道的。

三、部分“综合练习”(见教材 p.60～64)参考答案

Ⅰ词语练习

一、填入合适的名词

蹒跚的(脚步)　新生的(事物)　郑重的(承诺)
诚挚的(问候)　潦倒的(生活)　罕见的(现象)
归还(东西)　责怪(对方)　看轻(别人)
患(病)　攥(拳头)　攒(钱)

二、填入合适的动词

难堪地(回答)　惊喜地(发现)　深切地(思念)
随意地(表达)　瑟瑟地(发抖)　固执地(坚持)

三、写出下列词语的近义词和反义词

(一) 难堪——尴尬 / 难为情　震撼——震动 / 震荡
牢靠——可靠 / 牢固　诚挚——真挚 / 真诚 / 诚恳
看轻——轻视 / 小看　畏惧——害怕 / 惧怕

(二) 深切——浅近 / 浮浅 / 肤浅 / 淡薄　诚挚——虚伪 / 虚假
郑重——轻率 / 随便　降价——涨价 / 提价
看轻——看重 / 重视　罕见——常见 / 普通

四、选词填空

1. 完毕　2. 完结　3. 完结　4. 为难 / 难为
5. 为难　6. 难为　7. 随……意(便)　8. 随便(随随便便)
9. 随便　10. 顽固　11. 顽固　12. 固执
13. 无愧　14. 不愧　15. 无愧

五、解释句子中画线词语的意思

1. C　2. C　3. A　4. B　5. B

六、选择正确的答案

1. 难堪　2. 讲　3. 通　4. 攥　5. 牢靠　6. 开脱

七、选择下面的成语填空

1.一诺千金　2.风雨无阻　3.倾盆大雨　4.一言既出，驷马难追
5.十万火急　6.大千世界　7.落地生根

Ⅱ课文理解练习

一、根据课文内容判断正误

1. ×　2. √　3. ×　4. ×　5. √　6. √
7. √　8. ×　9. ×　10. √　11. √　12. ×

四、部分“阅读与理解”(见教材 p.67~68)参考答案

(一) 根据上面的文章选择正确的答案

1. A　2. C　3. B　4. C　5. A
6. C　7. A　8. B　9. B　10. B

陆　文化知识点补充说明

一诺千金

西汉初年有一个叫季布的人，他为人正直，乐于助人，特别是非常讲信义。只要是他答应过的事，无论有多么困难，都一定要想方设法办到，所以在当时名声很好。季布曾经是项羽的部将，他很会打仗，几次把刘邦打败，弄得刘邦很狼狈。后来项羽被围自杀，刘邦夺取天下，当上了皇帝。刘邦每次想起败在季布手下的事，就十

分生气。愤怒之下,刘邦下令缉拿季布。后来在名将夏侯婴的劝说下,刘邦赦免了季布,还封他为郎中,不久又任命他为河东太守。

当时,楚地有个名叫曹丘生的人,能言善辩,专爱结交权贵。季布和这个人是同乡,很瞧不起他,并在一些朋友面前表示过厌恶之意,偏偏曹丘生听说季布做了大官,一心想巴结他,特地请求皇亲国戚窦长君写一封信给季布,介绍自己跟季布认识。

季布读了信后,很不高兴,准备等曹丘生来时,当面教训教训他。过了几天,曹丘生果然登门拜访。季布一见曹丘生,就显露出厌恶之意。曹丘生毫不在乎,先恭恭敬敬地向季布施礼,然后慢条斯理地说:"我们楚地有句俗语,叫做'得黄金百两,不如得季布一诺'。您是怎样得到这么高的声誉的呢?您和我都是楚人,如今我在各处宣扬您的好名声,这难道不好吗?您又何必不愿见我呢?"

季布觉得曹丘生说得很有道理,也就不再讨厌他,并热情款待他,留他在府里住了几个月。曹丘生临走时,季布还送他许多礼物。曹丘生确实也照自己说过的那样去做,每到一地,就宣扬季布如何礼贤下士,如何仗义疏财。这样,季布的名声越来越大。后人用"一诺千金"来形容一个人很讲信用,说话算数。

一言既出,驷马难追

《论语·颜渊》:子贡曰:"惜乎,夫子之说君子也!驷不及舌。"意思是说:可惜啊,你是这样评论君子的!四匹马拉的车都追不上人的舌头。

《邓析子·转辞》:"一言而非,驷马不能追;一言而急,驷马不能及。"意思是:一句话说错,四匹马拉的车都追不回来;一句话的传播之快,四匹马拉的车都赶不上。后世用"一言既出,驷马难追"表示一句话说出了口,就是套上四匹马拉的车也难追上。指话说出口,就不能再收回,一定要算数。

第四课　沙漠里的奇怪现象

壹　背景材料

一、作者竺可桢(1890—1974),教育家,中国近代地理学和气象学的奠基人。1910年公费留美,入伊利诺伊大学农学院读书。1913年夏毕业后转入哈佛大学研究院地理系专攻气象,1918年获得博士学位。

二、1949年以后,竺可桢担任中国科学院副院长,同时担任中国科学技术协会副主席,中国气象学会理事长、名誉理事长,中国地理学会理事长等职,还当选为历届全国人民代表大会常务委员会委员。

三、竺可桢在气象学、气候学、地理学、自然科学史等方面都有很深的造诣。他始终从科学的视角出发,关注着中国的人口、资源、环境问题,是"可持续发展"的先觉先行者。为了纪念他的杰出贡献,中国科学院设立了"竺可桢野外科学工作奖",浙江大学设有"竺可桢奖学金"和"中学竺可桢教书育人奖"。

四、竺可桢一生积极倡导并从事科学普及工作,他一直认为科学普及事业是整个科学事业的一个重要组成部分。他撰写科普讲稿、书籍约160余篇,内容除地学、气象学、物候学外,还涉及天文学、生物学、科学技术史等许多学科,读者对象涉及到从科学技术人员到少年儿童的多个层面。

五、竺可桢的座右铭是:一丝不苟。治学原则是:排万难冒百死以求真知。处世原则是:博学之,审问之,慎思之,明辨之,笃行之。

贰　教学目标与步骤

一、教学目标

语　言	内　容	文　化
1. 理解并运用本课的重点词语（见“重点词语讲解”）。 2. 掌握词语辨析： （1）亲身—亲自 （2）缘故—原因 （3）寻常—平常 （4）崇拜—崇敬 （5）怪异—奇怪 3. 掌握语言点： （1）亲身 （2）统/统统 （3）为/被……所…… （4）所谓 （5）称……为……/把……称为…… （6）极为 （7）向来	1. 了解作者对古代横穿沙漠和现代深入沙漠的不同情况的解释。 2. 准确理解课文中对海市蜃楼、鸣沙等自然现象的解释，并能够用自己的话复述。 3. 引导学生通过阅读了解沙漠里的奇怪现象，学习简单的事理说明文阐明事理的写法。 4. 模仿作者的写作方法，根据自己所学的科学知识试着说明某一种自然现象。	1. 关于晋代法显、唐僧玄奘的知识。 2. 关于《西游记》的相关知识。 3. 关于海市蜃楼和鸣沙等自然现象。 4. 关于端阳节（也称端午节）的知识。 5. 中国的四大沙漠。

二、教学步骤

1. 导入。介绍课文内容及背景。
2. 词语 1～37。词语辨析 1～2。
3. 第一部分课文(到“当然就十分困苦了”)。注释 1～5。语言点 1～4。
4. 词语 38～74。词语辨析 3～5。
5. 第二部分课文。注释 6～12。语言点 5～7。
6. 做“综合练习”。
7. 阅读与理解。

三、建议课时：6～7 课时。

叁　词语教学

一、重点词语讲解(见教材 p.72～75)

(3) 火热

A. 指具体事物:～的阳光、～的太阳、～的炉子、～的沙子、～的天气。

B. 指抽象事物:～的生活、～的年代、～的爱情、～的感情、～的友谊、～的目光、～的性格、～的场面、～的气氛、～的语言、～的话语、～的心。

C. 近义词:炽热;反义词:冰冷。

(4) 荒凉

A. ～的＋名词:～的地方、～的郊外、～的山区、～的环境。

B. 近义词:荒芜、冷僻;反义词:繁华、热闹。

(6) 举目

～＋动词:～望去、～远望、～四望、～眺望、～无亲。

(8) 流动

A. (气、水)移动:河水～、空气～、血液～。

B. 经常变动:～人口、～资产、～奖杯;人才～、资金～、物资～。

C. 近义词:移动、变动;反义词:固定。

(12) 离奇

A. ～的＋名词:～的故事、～的观点、～的神话、～的经历、～的情节、～的画面、～的话语、～的事情。

B. 近义词:新奇、奇异;反义词:平常、普通。

(14) 阻挡

A. 指具体事物:～敌人、～洪水、～野兽、～风沙、～沙漠、～汽车。

B. 指抽象事物:～社会(人类)的进步、～历史的发展、～时代潮流、～前进的步伐、～某种趋势。

C. 近义词：阻拦、阻止；反义词：促进、推进、放行。

(17) 不胜

A. 动词，承受不了：～其烦、～其苦。
B. 动词，太多，做不完：写～写、数～数、改～改、防～防。
C. 副词，非常、十分(指感情方面)：～感激、～遗憾、～荣幸、～欣慰。

(18) 开小差

A. 本义指军人私自离开军队逃跑。现在常用它的比喻义。
B. 比喻不经同意离开工作或学习岗位：服务员～、学生～。
C. 比喻思想、精神不集中：上课不能～；大家认真听讲，没有人～。

(19) 单枪匹马

A. 作谓语：我～，而对方则来了几个人；他一个人～，开办了一家公司。
B. 作状语：我～地去了。他～地进行研究工作。
C. 作定语：～的行动、～的做法、～的行为。
D. 作宾语或主语：他这个人做事喜欢～。这个工作有时候需要～。～不是个好办法。
E. 近义词：孤军作战、孤立无援；反义词：千军万马、人多势众、成群结队。

(21) 神话

A. 课文中指古代的一种想象故事：古代～、希腊～。
B. 荒诞的、没有根据的话语或想法：
你的想法简直就是一个～。打破了一个～。
C. 形容非常美好的环境：～般的地方；好像进入了～世界。

(26) 作怪

A. 鬼怪害人：《西游记》里写了很多妖魔～的故事。
B. 比喻坏人、坏事物、坏思想起不好的作用：封建思想还在～；拜金主义～、感冒病毒～；电脑病毒～。

(27) 光怪陆离

A. 作谓语：歌舞厅里～。一到夜晚，繁华的大街上～。

B. 作定语:~的景色、~的场面、~的梦境、~的城市、~的沙漠、~的社会、~的生活。

C. 作补语:变得~、显得~、搞得~、装扮得~、装饰得~。

(28) 渴不可耐

在这个结构中,"渴"字可以被替换:热不可耐、冷不可耐、俗不可耐、苦不可耐、脏不可耐、臭不可耐、疼不可耐。

(30) 碧蓝—(32) 蔚蓝

A. 相同之处:都是指明净的蓝色。都可以修饰天空、海洋。

B. 不同之处:"碧蓝"还可以形容眼睛的颜色;可以组成"碧蓝碧蓝的";"蔚蓝"一般没有这种用法。

(31) 欢天喜地

A. 作谓语:大家~。人人~。

B. 作定语:~的孩子、~的样子、~的场面。

C. 作状语:~地说、~地跳起来、~地跑进来、~地接过来。

D. 近义词:兴高采烈;反义词:愁眉苦脸。

(33) 可望而不可即

A. 作谓语:对他来说,那个女孩~。

B. 作定语:那是一个~的目标。对我来说,西藏是个~的地方。

C. 是~的:全面的和平是~的;十全十美是~的。

(34) 法宝

A. 佛教用语,指佛说的法,也指和尚用的一些器具。

B. 神话中能制伏或杀伤魔鬼的宝物:孙悟空的~是金箍棒。

C. 比喻用起来特别有效的工具、方法或经验:学好汉语的~、教育孩子的~、保持健康的~、考试的~。

(36) 戳穿

A. 指具体事物:~木板、~窗户纸、~纸。

B. 指抽象事物:~谎言(话)、~谣言、~诡计、~骗局、~阴谋。

C. 近义词:揭穿、揭露;反义词:隐瞒。

(39) 酷热

A. ～的＋名词:～的天气、～的夏天、～的气候。

B. 不能受程度副词修饰。

C. 近义词:炎热、炽热;反义词:寒冷。

(42) 错觉

动词＋～:有～、产生～、发生～、造成～、形成～、存在～、引起～、避免～、消除～。

(44) 栽

A. 种:～树、～花、～草、～秧苗。近义词:种。

B. 摔倒:～跟头、～了一跤。

C. 遭受挫折:这次他～了;他～在警察的手里。

(53) 空中楼阁—(54) 海市蜃楼

A. 相同之处:都是成语,都比喻不真实的事物。有时可以互换。

B. 不同之处:

a. "空中楼阁"侧重在缺少根基,脱离实际;"海市蜃楼"侧重在虚幻而远离现实。

b. "海市蜃楼"指沿海或沙漠中由于光线的折射而出现的一种幻象。"空中楼阁"不指这种现象。

c. "空中楼阁"多与理论、计划、空想等搭配,"海市蜃楼"多与前景、前途、希望、憧憬等搭配。但也常常可以互换。

你的理想是空中楼阁 / 海市蜃楼,根本不可能实现。

我的论文现在还只是空中楼阁,一个字都没写呢。

我的计划不是空中楼阁,是有充分的基础的。

完全公平的社会只是一座空中楼阁 / 海市蜃楼,现在还没有出现。

(56) 鸣

A. (动物)叫:鸟～、虫～、蝉～。

B. 发出声音:雷～、耳～、～礼炮、鼓炮齐～、～沙。

C. 表达:～谢、～不平、百家争～。

(57) 设

A. ～＋名词：～专业、～课、～公司、～车站、～办公室、～大使馆。

B. 近义词：建、立；反义词：撤、拆。

(58) 呈

A. ～……形：～凹形、～圆形、～方形、～三角形。

B. ～……状：～液体状、～透明状、～痛苦状、～紧张状。

C. ～……色：～橘黄色、～粉红色、～黑色。

(61) 涌

A. 指具体事物：～出水；～出眼泪；～出气体；人潮～过来。

B. 指抽象的事物：往事～上心头、～起感激之情、脸上～出笑容、～现出很多新生事物。

(72) 摩擦

A. 动词，物体接触：～两手、～身体、～发热。

B. 名词，比喻两方因矛盾而冲突：有～、闹～、产生～、制造～、平息～、解决～、加剧～、大～、小～。

二、词语辨析部分的异同归纳及补充练习(见教材 p.76～79)

1. 亲身——亲自

◈ 相同之处：

	亲　身　　　亲　自
1. 语义：	都有强调自己的意思。

◈ 相异之处：

	亲　身	亲　自
1. 语义侧重点：(见例1、2)	侧重在自己的体验、感受等。	侧重在因重视此事而自己去做。
2. 搭配：(见例 3、4、5)	常与体验、感受、体会、实践等搭配。使用范围比较小。	涉及的行为比较多，使用范围比较大。
3. 词性：(见例 6)	形容词。可以做状语、定语。	副词。只作状语。

【练习】

① 这本书写的是作者在中国留学的(　　　)经历,有很多经验值得借鉴。

② 公司的总经理今天(　　　)来到商店了解产品销售的情况。

③ 常听人说欢乐谷的有些游戏很惊险刺激，今天我和朋友们去玩儿了一趟,(　　　)体验了一下玩游戏时魂飞魄散的感觉。

④ 要想知道四川名菜水煮鱼怎么好吃,你(　　　)去尝一尝就知道了。

2. 缘故——原因

◆ 相同之处：

	缘　故　　　原因
1. 语义：	都指造成某种结果或引起另一件事情发生的条件。
2. 词性：	都是名词。（见例 1、2）

◆ 相异之处：

	缘　故	原因
1. 使用范围：	使用范围小，可以用“原因”代替。	使用范围大，在有些情况下不能与“缘故”互换。
2. 搭配一：	没有这种用法。	常用于社会发展、革命、自然界等重大事件。
3. 搭配二：（见例 3、4）	没有这种用法。	可与发现、寻找、分析、查明、造成、说明等动词搭配。
4. 搭配三：（见例 5、6）	没有这种用法。	可以做主语。
5. 搭配四：（见例 7）	没有这种用法。	可以与量词个、种、条搭配。

【练习】

① 这次出的这个事故,都是因为他没有法律头脑的(　　　)。

② 无序的竞争是社会得不到发展的重要(　　　)之一。

③ 考试成绩不好,要好好分析(　　　),一味地生气、难过是没有用的。

④ 在会议上,有关专家详细分析了造成环境污染的几个主要(　　　)。

3. 寻常——平常

◆ **相同之处：**

	寻 常　　　平 常
1. 语义：	都有普通、不特别的意思。（见例 1、2）
2. 词性：	都是形容词。

◆ **相异之处：**

	寻 常	平 常
1. 搭配：（见例 3、4）	常用于少量的固定搭配中。	可以搭配的名词更多、更灵活。
2. 重叠：（见例 4）	不可以。	可以重叠为“平平常常”。
3. 词性：（见例 5）	形容词。	形容词、名词。
4. 语体：	书面语。	书面语、口语。

【练习】

① 他表面上看起来(　　　　)的，其实是个非同一般的人物。

② 随着经济和社会的发展，电脑等高科技产品已经进入(　　　　)百姓家了。

③ 她(　　　　)天天开车上班，但今天为了响应“每月有一天不开车”的环保倡议，也改为挤公共汽车上班了。

④ 平时一贯温和的妈妈今天突然大发雷霆，这个情况很不(　　　　)，全家人都紧张得要命。

4. 崇拜——崇敬

◆ **相同之处：**

	崇 拜　　　崇 敬
1. 语义：	都有尊崇、佩服的意思。
2. 词性：	都是动词。

◆ 相异之处：

	崇　拜	崇　敬
1. 语义侧重点：（见例 1、2）	侧重在尊敬到了拜倒的程度，含过分的意思，是中性词。	侧重在对某人特别尊敬，是褒义词。
2. 使用对象：（见例 3、4、5、6）	对象除了人，还指神及其他事物。	对象一般是人。

【练习】

① 老师不光知识渊博，而且还发表过很多作品，同学们都很(　　　)他。
② 这个居住在原始森林里的民族以太阳为(　　　)的对象。
③ 歌星周杰伦是很多中国青少年(　　　)的偶像。
④ 由于在作品中表现出来深刻的反思精神，他受到很多人的(　　　)。

5. 怪异——奇怪

◆ 相同之处：

	怪　异　　　　奇　怪
1. 语义：	都有异乎寻常的意思。
2. 词性：	都是形容词。

◆ 相异之处：

	怪　异	奇　怪
1. 语义轻重：（见例 1）	语义重。	语义轻。
2. 使用范围：（见例 2、3、4、5）	范围小，多作定语。	范围大，使用自由。
3. 重叠：（见例 6）	不能重叠。	可以重叠。
4. 词性：（见例 7、8）	形容词、名词。	形容词、动词。
5. 语体：	书面语。	书面语、口语。

【练习】

① 水居然会从低处向高处流，这简直太(　　　)了！
② 他今天的语言和表情都让人觉得(　　　)的，和平时的表现判若两人。
③ 做生意的人都希望多挣钱，这有什么好(　　　)的？
④ 我(　　　)他听到这么好的消息为什么还高兴不起来呢？
⑤ 电影中的这座古堡里面(　　　)丛生，由此而引发了一系列的故事。

肆　课文教学

一、课文教学说明(课文见教材 p.69～71)

1. 关于文体:这是一篇关于科学常识的说明文。

2. 关于内容:作者竺可桢先生既是著名的地理和气象方面的科学家，又具有深厚的文化功底，把一篇介绍沙漠中自然现象的科学说明文写得绘声绘色,具有历史的深度和时空的广度。作者重点解释了古今沙漠探险的区别,说明了海市蜃楼和鸣沙这两种自然现象发生的原因。在教学的过程中,教师可以在引导学生准确理解作者对自然现象的解释的基础上,扩展到对课文中所涉及的一些文化知识的掌握。同时,也可以有意识地在说明文的写作方法上,如举例、引用、对比、诠释等,对学生进行一些指导。

3. 关于语言:这篇课文在语言上最大的特点是雅俗结合,科学性和艺术性结合。做到了既严谨清晰,又生动轻松,读来富有趣味性。另外,简洁也是一个突出的特点,非常符合说明文的要求。再加上较多单音节词语的使用,使语言在通俗中带有文言文的典雅色彩。

二、课文内容提问

1. 法显的《佛国记》和玄奘的《大唐西域记》中是怎样描述沙漠的?
2. 解放后中国人横穿大戈壁的情况怎么样?
3. 法显和玄奘的沙漠之旅为什么会如此艰苦?
4. “光怪陆离”形容的是沙漠中的什么现象?为什么那个很大的湖被称为“魔鬼的海”?
5. 法国人孟奇是怎样解释“魔鬼的海”这一奇怪现象的?
6. “空中楼阁”或“海市蜃楼”指的是什么自然现象?
7. “鸣沙”是沙漠中一种什么样的自然现象?它是怎样产生的?
8. “见怪不怪,其怪自败”是什么意思?
9. 根据你的知识,沙漠里还有什么奇怪的现象?

三、教学活动建议

1. 集体讨论:

你去过沙漠吗?如果去过,请用三个词来形容你看到和感受到的沙漠,并解释一下;如果没有去过,也请用三个词形容一下你印象中的沙漠,并说说这种印象是怎么来的。(老师把学生说出的词语写在黑板上，并加以说明。）

2. 布置学生几人一组去找关于“海市蜃楼”的资料，并在课堂讲述。鼓励使用多媒体展示。
3. 提前准备，用 PPT 演示：说一说你去过的一个风景很美的地方。
4. 分组讨论，然后总结：

现在世界上沙漠化现象越来越严重。就拿中国来说，在北京等一些城市中，一年中会多次出现“沙尘暴”天气。你们国家有这样的情况吗？或者有没有其他的自然灾害？出现这样的情况原因何在？人类应该怎样应对？

伍　参考答案

一、词语辨析部分补充练习（见使用手册 p.57～60）参考答案

1. 亲身——亲自

① 亲身　② 亲自　③ 亲身 / 亲自　④ 亲自

2. 缘故——原因

① 缘故 / 原因　② 原因　③ 原因　④ 原因

3. 寻常——平常

① 平平常常　② 寻常　③ 平常　④ 寻常 / 平常

4. 崇拜——崇敬

① 崇拜 / 崇敬　② 崇拜　③ 崇拜　④ 崇敬

5. 怪异——奇怪

① 怪异 / 奇怪　② 奇奇怪怪　③ 奇怪　④ 奇怪　⑤ 怪异

二、语言点练习（见教材 p.80～84）参考答案

1. 亲身

【练习】用“亲＋名词”改写或完成句子和对话：

(1) 我们的老师不辞辛苦，带我们去了一趟鲁迅博物馆，又去了宋庆龄故居。

（我们的老师不辞辛苦，<u>亲自</u>带我们去了一趟鲁迅博物馆，又去了宋庆龄故居。）

(2) 现在四五十岁的人，“文化大革命”<u>都亲身经历过</u>。

(3) A：九寨沟那个地方你听说过吗？

B：我不光听说过，还亲身去参观过呢。

(4) A：你对这棵树有这么深的感情，它对你有什么特别的含义吗？

B：因为它是我十年前亲手种下的。

2. 统/统统

【练习】用“统统”完成句子：

(1) 推门一看，四个人统统都在看电视。

(2) 这个公司生产的产品统统都是出口的，在国内根本买不到。

(3) 分手之前，他把她的照片统统还给她了。

(4) 他十分喜爱老子的《道德经》，看的书统统都是跟这本书有关的。

3. 为……所/被……所

【练习】用“为 / 被 + 名词 + 所 + 动词 / 动词短语”改写句子：

(1) 我第一次见到她的姓名，是在去年夏初……

她的姓名第一次为我所知，是在去年夏初……

(2) 人民群众当然拥护这样的领导。

这样的领导当然为人民群众所拥护。

(3) 老师采纳了大家的建议。

大家的建议被老师所采纳了。

(4) 他的行为如此怪异，人们能不笑话他吗？

他的怪异行为常常被人们笑话。

4. 所谓

【练习】用“所谓”改写句子或完成句子：

(1) 我认为这样的人不应该被称为天才。

我认为所谓的天才不是像他这样的人。

(2) 我认为这样的生活不能说是“幸福的生活”。

我认为所谓“幸福的生活”不是这样的。

(3) 所谓朋友，就是能够互相信任的人。

(4) 所谓“人生的黄金时间”，一般指的一个人的少年和青年时期。

5. 称……为/把……称为

【练习】用"称 X 为 Y"或"把 X 称为 Y"完成句子：

(1) 她就像母亲一样地照顾我们，大家都亲切地称她为妈妈。
(2) 每次喝酒，他都是不醉不归，朋友们都把他称为"酒鬼"。
(3) 这个小姑娘很有表演才能，老师和同学们都把她称为未来的明星。
(4) 他的词汇量大得惊人，同学们都称他为"活字典"。

6. 极为

【练习】选用上面所给词语完成句子或对话：

(1) 他说话的语气极为严肃，显然，他是认真的。
(2) 中国西北部的沙漠地区极为荒凉。
(3) 这位学者的治学态度极为严谨。
(4) 地震发生以后，当地的人们极为恐慌。
(5) A：听说她要孩子比较晚，45 岁时才有了这个女儿。
B：那这个女儿对她来说一定是极为珍贵的了。
(6) A：小区的道路都被堵塞了，一旦发生火灾，救火车都进不来。
B：这种情况是极为危险的，一定要改变才行。
(7) A：我昨天从电视里看了一个海豚救人的故事，真让人感动。
B：海豚是一种极为聪明的动物，对人类特别友好。

7. 向来

【练习】用"向来"完成句子：

(1) 大饭店里卖的工艺品向来比较贵，一般人都只看不买。
(2) 王府井向来是个热闹的地方，到过节时，简直是人山人海。
(3) 这个人向来不诚实，谁都不信任他。
(4) 今天他算够不错的了，你要知道，他向来都是习惯迟到半个小时的。

三、部分"综合练习"(见教材 p.85～89)参考答案

Ⅰ 词语练习

一、填入合适的名词

火热的(感情)　　荒凉的(地区)　　流动的(摊点)

离奇的(情节)　　蔚蓝的(天空)　　酷热的(沙漠)
轰隆隆的(雷声)　　光怪陆离的(色彩)

二、填入合适的形容词

(清晰)的脚印　　(可怕)的魔鬼　　(常见)的错觉
(遥远)的地平线　　(美丽)的岛屿　　(清澈)的泉水

三、填入合适的量词

一(个、篇、种)神话　　一(头、峰)骆驼　　一(声)巨响

四、写出下列词语的近义词或反义词

(一) 亲身——亲自　　缘故——原因
阻挡——阻拦/阻止/拦阻　　循着——随着/顺着
统统——通通/一律/全部　　寻常——平常/一般/普通

(二) 阻挡——放行/推动　　火热——冰冷
荒凉——繁华/热闹/喧闹　　怪异——正常/普通
单枪匹马——千军万马/人多势众

五、选词填空

(一) 1. 蓄　2. 映　3. 设　4. 开　5. 呈　6. 涌

(二) 1. 作怪　2. 戳穿　3. 崇拜　4. 阻挡　5. 吹拂
6. 反射　7. 打雷　8. 摩擦　9. 聚会

(三) 1. 寻常　2. 原因　3. 亲自　4. 崇敬　5. 平常
6. 奇怪　7. 崇拜　8. 亲身　9. 怪异　10. 缘故

六、解释句子中画线词语的

1. B　2. A　3. B　4. B　5. B　6. A

七、选择正确的答案

1. A　2. B　3. C　4. A　5. C　6. A　7. B

八、选择下面的成语填空

1. 欢天喜地　　2. 光怪陆离　　3. 海市蜃楼
4. 可望而不可即　　5. 空中楼阁　　6. 单枪匹马

Ⅱ课文理解练习

一、根据课文内容判断正误

1. ×　2. √　3. ×　4. √　5. √　6. √
7. √　8. ×　9. ×　10. ×　11. √

四、部分“阅读与理解”(见教材 p.91～92)参考答案

(一) 根据文章内容选择惟一正确的答案

1. C　2. C　3. B　4. A　5. C　6. A

陆　文化知识点补充说明

端午节的来历

端午节,也称为“端五节”或“端阳节”,是中国民间古老的传统节日,流传在汉族和壮族、布依族、侗族、土家族等少数民族地区。关于它的由来与传说很多,这里仅介绍最常见的一种,即源于纪念战国时期的伟大诗人屈原。这样算来,这个节日距今已有2000多年历史了。

据《史记·屈原贾生列传》记载,屈原是战国时期楚怀王的大臣。他倡导举贤授能,富国强兵,力主联齐抗秦,遭到贵族子兰等人的强烈反对,屈原遭谗去职,被赶出都城,流放到沅、湘流域。他在流放中,写下了忧国忧民的《离骚》、《天问》、《九歌》等不朽诗篇,独具风貌,影响深远。公元前278年,秦军攻破楚国都城。屈原眼看自己的祖国被侵略,心如刀割,但是始终不忍舍弃自己的祖国。五月初五這一天,诗人在写下了绝笔《怀沙》之后,抱石投汨罗江而死,以身殉国,用自己的生命谱写了一曲壮丽的爱国主义乐章。

传说屈原死后,楚国百姓哀痛异常,纷纷涌到汨罗江边去凭吊屈原。渔夫们划起船只,在江上来回打捞他的真身。有的渔夫拿出为屈原准备的饭团、鸡蛋等食物丢进江里,说是让鱼龙虾蟹吃饱了,就不会去咬屈大夫的身体了。人们见后纷纷仿效,粽子就是这样发展而来的。一位老医师还拿来一坛雄黄酒倒进江里,说是要药晕蛟龙水兽,以免伤害屈大夫。

以后,每到农历的五月初五,就有了龙舟竞渡、吃粽子、喝雄黄酒的风俗,以此来纪念爱国诗人屈原。

中国的四大沙漠

一、塔克拉玛干沙漠：位于新疆南部塔里木盆地中心，南北宽约400千米，东西长约1000千米，面积33.76万平方千米，仅次于撒哈拉沙漠，是世界第二大沙漠，中国第一大沙漠。塔克拉玛干在维吾尔语里的意思是"进去出不来"，又称"死亡之海"。

二、古尔班通古特沙漠：位于新疆北部，面积4.8万平方千米，为全国第二大沙漠，垦区农牧场呈带状分布在沙漠南缘。

三、巴丹吉林沙漠：位于内蒙自治区西部，是中国第三大沙漠，面积约为4.43万平方千米，海拔1400～1600米，最高峰2040米。

四、腾格里沙漠：横跨甘肃，宁夏，内蒙古三省区，南北长240千米，东西宽180千米，总面积约6.27万平方千米，是中国第四大沙漠。

第五课 内部招标

壹 背景材料

一、作者毕淑敏(1952—),祖籍山东,出生在新疆伊宁。中学就读于北京外国语学院附属学校。1969年入伍,在海拔5000米的西藏阿里高原部队当兵11年。历任卫生员、助理军医、军医。1980年转业回到北京。

二、毕淑敏从事医学工作20年后,开始专业写作。她是北京师范大学文学硕士,又是注册心理咨询师,国家一级作家。从1987年开始文学创作到现在,毕淑敏共发表作品200余万字。1989年加入中国作家协会。曾获得庄重文文学、小说月报第四至六届百花奖、当代文学奖、陈伯吹文学大奖、北京文学奖、昆仑文学奖、解放军文艺奖、青年文学奖、台湾第16届中国时报文学奖、台湾第17届联合报文学奖等各种文学奖30余次。

三、毕淑敏真正取得全国性声誉是在短篇小说《预约死亡》发表后,这篇作品被誉为是"新体验小说"的代表作,它以作者在临终关怀医院的亲历为素材,对面对死亡的当事者及其身边人的内心进行了探索,写得十分深刻而又精彩。

四、毕淑敏的主要作品有:《毕淑敏文集》八卷,长篇小说《红处方》、《血玲珑》、《拯救乳房》、《女心理师》,中短篇小说集《女人之约》、《昆仑殇》、《预约死亡》,散文集《婚姻鞋》、《素面朝天》、《保持惊奇》、《提醒幸福》、《心灵处方》、《鲜花手术》、《心灵眼睛》,《女儿拳》等。总结其内容,主要有两方面:一是反映藏北军旅生活,二是用医生的眼光来表现人生。

五、著名作家王蒙这样评论毕淑敏说:"她确实是一个真正的医生，好医生，她会成为文学界的白衣天使。昆仑山上当兵的经历，医生的身份与心术，加上自幼大大的良民的自觉，使她成为文学圈内的一个新起的、别有特色的、新谐与健康的因子。”

贰　教学目标与步骤

一、教学目标

语　言	内　容	文　化
1. 理解并运用本课的重点词语（见“重点词语讲解”）。 2. 掌握词语辨析： （1）清晰—清楚 （2）争斗—斗争 （3）可惜—惋惜 （4）绝望—失望 3. 掌握语言点： （1）……不已 （2）这么说 （3）别无 （4）睫毛都不眨 （5）毫不 （6）……过头	1. 准确理解课文内容的每一个细节。 2. 简单分析“先生”、“儿子”和“我”这三个人物的个性，并说说他们的家庭关系怎么样。 3. 领会始终贯彻在课文中的幽默感，并体会作者是如何通过语言来表现这种幽默感的。 4. 通过这个发生在家庭中的故事，思考它所反映的近年来中国社会发生的变化。	1. 关于成语“见义勇为”的出处。 2. 关于成语“当仁不让”的出处。 3. 关于成语“鹬蚌相争，渔翁得利”的故事。

二、教学步骤

1. 导入。介绍作者情况、课文内容。
2. 词语 1～37。词语辨析 1～3。
3. 第一部分课文(到“还给咱家省了这笔钱”)。注释 1。语言点 1～3。
4. 词语 38～73。词语辨析 4。
5. 第二部分课文。注释 2～3。语言点 4～6。
6. 做“综合练习”。
7. 阅读与理解。

三、建议课时:7~8 课时。

叁 词语教学

一、重点词语讲解(见教材 p.96~98)

(1) 招标

A. 常用搭配:公司对外~、工程~、项目~、任务~、~会。

B. 词语扩展:投标、开标、评标、中标、标底、标的、标金。

(5) 狼烟四起

A. 用于战争:在中国古代的春秋战国时期,~。

现在世界上的某些地区很不安宁,~。

B. 比喻个人之间、集体之间出现了争斗:

名词+~:家庭内部~、学术界~、邻里之间~、电脑市场~。

~的+名词:~的形势、~的局势、~的局面、~的现实、~的情况。

(7) 稿件

A. 近义词:稿子、稿儿。

B. 量词:份、篇、摞、沓。

(13) 相安无事

A. 做谓语:两家公司~;他和同屋~;两个人~。

B. 做定语:~的情况、~的局势、~的局面、~的日子。

C. 做状语:~地生活在一起、~地住在一起。

(14) 天长日久

A. 充当短句:~,这些纸都发黄了。

他们俩在一起工作,~,就产生了爱情。

B. 做定语:经过~的锻炼,他的身体越来越结实。

~的风吹雨打,使这辆车已经很旧了。

~的相处、~的学习、~的训练、~的磨练、~的生活。

C. 也可以说:日久天长。

D. 近义词：长年累月；反义词：一朝一夕。

(15) 耐烦

A. 一般多用其否定的形式：不耐烦。

B. 不～的＋名词：不～的样子、不～的表情、不～的态度、～的样子、～的话。

C. 不～地＋动词：～地说、～地做、～地学、～地打断、～地批评、～地回答、～地拒绝。

D. 表示肯定的意思时常用“耐心”；反义词：急躁、厌烦。

(18) 挨(训)

挨＋表示负面意思的单音节动词：～骂、～打、～揍、～呲儿（批评）、～饿、～批、～挤、～淋、～冻、～晒、～宰、～训、～咬。

(26) 这么着

A. 口语，即“这样”：～比较好。你得～才能写好字。你别～。～做、～画、～写、～说、～洗、～打开、～关闭、～清理。

B. ～(吧)，表示就某事提出自己的建议：

甲：太晚了，公共汽车都没有了。乙：～吧，我送你回去。

(28) 合算

A. 形容词：～的商品、～的价格、～的买卖、～的生意。

近义词：划算、上算、划得来。反义词：划不来。

B. 动词，合起来计算：～数字、～价钱、～费用、～账目。

(29) 赚

A. 获得利润：这笔生意～了。

反义词：赔。

B. 得到好处：今天去朋友家，又吃又玩，还有礼物，～了。

C. 挣钱：每月～5000元；～工资。

(33) 慎重

A. ～的＋名词：～的人、～的态度、～的作风、～的行为、～的言论。

B. ～(地)＋动词：～考虑、～研究、～选择、～检查、～对待、～说明、～答应、～接受、～提出。

C. 近义词：谨慎、稳重；反义词：轻率、草率、随便。

(34) 黑

A. 秘密的、非法的、不公开的：～市、～车、～钱、～帮、～店、～手、～社会、～名单、～中介。

B. 坏、狠毒：～心、心～、老板真～、商店特～、市场太～。

C. 动词，损害别人：他～了我一次；～了顾客100块钱。

(35) 乐意

A. 动词，愿意：～＋动词：～出钱、～学汉语、～讨论、～打球。
可以受程度副词修饰：很～帮助他；非常～去旅行。

B. 形容词，满意，快乐：服务不好，客人不～；孩子在这里可～啦！
老师教得不好，学生就会不～。

(39) 杀(出)

A. 冲出、战斗：～一支军队；～一队人马。

B. 比喻突然出现、没想到：～一匹黑马；～一辆车；～一个人。

(42) 见义勇为

A. 做谓语：这个人～，抓住了小偷。 他们～，帮助邻居灭火。

B. 做定语：～的人、～的行为、～的精神。

C. 做宾语、主语：社会需要～；我们应该～；～是一种高尚的行为。

(44) 凡事

A. 常常与“都”连用：～都要有规矩；～都要小心。

B. 一般只做主语，不作宾语：～不能只顾自己，要多为别人考虑。

(46) 当仁不让

A. 做谓语：他～，当了演讲会的主持人。

B. 做状语：～地承担工作、～地参加比赛、～地说起来、～地报了名。

(49) 干脆

A. 形容词，爽快：性格～、态度～、脾气～、行为～、说话～、办事～、回答～。

～地十动词：～地回答、～地表示、～地否认、～地决定、～地处理。

近义词：爽快、痛快。反义词：拖拉。

B. 副词，索性：这些东西已经没用了，～都扔了吧；你～多买点儿，省得老来；我们～一起去吧。

(55) 鹬蚌相争，渔翁得利

A. 也可以说成“鹬蚌相争，渔人得利”。

B. 做谓语：这两个球队互相争斗，结果～，另外一个球队得了冠军。

C. 做定语：～的教训值得我们吸取；～的事情不是没有发生过。

D. 做宾语：两家公司争来争去，结果都成了输家，第三家公司倒乘虚而入成了赢家，这就是(这就叫做)～。

(57) 忙不迭

～地十动词：～地准备、～地干活、～地跑去、～地告诉、～地复习、～地做作业、～地做饭、～地收拾。

(59) 退缩

A. 向后退：军队～了1000公里。他向后～了几步。

B. 因为害怕而躲避：儿子毫不～。遇到困难不能～。在对手面前不要～。

C. 近义词：后退、退却；反义词：前进。

(60) 包

A. ～十名词结构：～一个任务；～一件事；～全部家务；～一项工作。

B. ～十动词：～修、～换、～退、～分配、～打扫。

C. 这件事情我～了。做饭的事情爸爸～了；这件事情～在我身上。

(62) 垄断

A. 主要指经济、技术等方面：～市场、～资本、～资金、～石油、～土地、～政治、～经济、～物价、～行业、～技术、～武器、～国家。

B. 也可以比喻其他方面：家里的钱被妈妈～了。好吃的东西都被弟弟妹妹们～着；他～了她所有的时间。

(63) 封锁

A. ～＋名词：～消息、～资料、～技术、～知识、～经济(经济～)、～市场、～文化、～道路、～地区、～机场、～领空、～海域、～学校。

B. 近义词：封闭；反义词：开放。

(64) 正当

A. ～的＋名词：～的理由、～的态度、～的观点、～的意见、～的想法、～的要求、～的行为、～的权力、～的利益、～的办法、～的方式、～的手段、～的活动、～的职业、～的关系、～的婚姻。

B. ～＋动词：～交往、～发展、～经营、～处理、～解决、～防卫。

(66) 气壮山河

A. 做谓语：他的精神～。这些英雄的行为～。

B. 做定语：～的英雄、～的精神、～的事迹、～的歌声、～的行为。

(67) 悲壮

A. ～的＋名词：～的场面、～的情景、～的乐曲、～的诗歌、～的歌声、～的表情、～的气氛、～的时刻。

B. ～地＋动词：～地说、～地演讲、～地歌唱、～地前进、～地死去。

(68) 无偿

A. ～的＋名词：～的劳动、～的服务、～的演出、～的帮助。

B. ～＋动词：～献血、～援助、～帮助、～提供、～赠送。

C. 不能受程度副词的修饰，不能直接做谓语。

D. 反义词：有偿。

(69) 一如既往

A. 做谓语：中国会～，继续进行改革开放；小王～，每天去照顾老人。

B. 做状语：～地支持、～地帮助、～地努力学习、～地工作、～地锻炼身体。

C. 做定语：～的精神、～的做法、～的行为、～的观点、～的政策。

二、词语辨析部分的异同归纳及补充练习(见教材 p.99～102)

1. 清晰——清楚

◆ 相同之处：

	清晰　清楚
1. 语义：	都有事物容易让人辨认、了解和头脑不糊涂的意思。
2. 词性：	都是形容词。

◆ 相异之处：

	清晰	清楚
1. 语义程度：（见例 1、2、3）	程度略高。	程度略低。
2. 词性：（见例 4、5）	形容词。	形容词、动词。
3. 搭配（一）：（见例 6）	不可以重叠。	可以重叠。
4. 搭配（二）：（见例 7、8）	一般不做补语。	可以做补语。
5. 语体：	多用于书面语。	口语、书面语都常用。

【练习】

① 导游的介绍非常(　　　),使游客们对北京西山大觉寺的历史和演变有了进一步的了解。

② 只有爷爷(　　　)这件古董的来龙去脉,咱们去问问他老人家吧。

③ 大夫从来不把病历上的字写(　　　),害得病人对自己的病情稀里糊涂的。

④ 小王的作业从来都是（　　　）、整整齐齐的，经常受到老师的表扬。

2. 争斗——斗争

◆ 相同之处：	争斗　斗争
1. 语义：（见例 1、2）	都有矛盾的双方互相冲突，一方想战胜另一方的意思。
2. 词性：	都是动词。

◆ 相异之处：

	争 斗	斗 争
1. 语义（一）：（见例3、4）	有打架的意思。	没有这个意思。
2. 语义（二）：（见例5、6、7）	对象的范围小，主要指人与人、动物与动物之间。	对象的范围大：人、势力、自然、疾病、困难。
3. 语义（三）：（见例8、9）	没有这个意思。	指打击敌对的一方或不良现象的意思。
4. 语义（四）：（见例10、11）	没有这个意思。	有为实现目标努力奋斗的意思。

【练习】

① 两个人为了一点小事在大庭广众之下(　　　)起来，一点脸面都不顾。

② 为了保护这些海洋动物，他们决心与那些偷猎者(　　　)到底。

③ 李大夫与癌症(　　　)了一辈子，但最后还是被病魔夺去了生命。

④ 他从年轻时就树立了理想，要为人类的和平(　　　)到底。

3. 可惜——惋惜

◆ 相同之处：

	可 惜　　惋 惜
1. 语义：	都有对不幸或不如意的事表示遗憾或同情的意思。
2. 搭配：	都可以受程度副词的修饰。（见例2）

◆ 相异之处：

	可 惜	惋 惜
1. 使用范围：（见例1、2）	使用范围较大。	使用范围较小。
2. 词性（一）：（见例3、4、5）	形容词。	动词。
3. 词性（二）：（见例6、7）	副词。	没有这种用法。
4. 用法：（见例8、9）	可以独立成句。	不可以。
5. 语体：	多用于口语。	多用于书面语。

【练习】

① 这么年轻就离开了这个世界，真(　　　)啊！

② 妈妈一定能帮我这个忙，(　　　)她现在不在我身边，我只有自力更生了。

③ 令人(　　　)的是,马上就要到手的胜利成果与他失之交臂。
④ 毕业十年的同学聚会,而他却因为出差不能参加,真是一件十分(　　　)的事情。

4. **绝望——失望**

◆ **相同之处:**

	绝 望　　失 望
1. 语义:	都有失去希望和信心的意思。
2. 词性:	都是动词。
3. 搭配:	都可以受程度副词的修饰。(见例 7、8)

◆ **相异之处:**

	绝 望	失 望
1. 语义轻重:(见例 1、2、3、4、5、6)	语义重。强调希望断绝或毫无希望。	语义较轻。

【练习】
① 朋友不在家,她只好(　　　)地离去了。
② 看着病重的妻子和一贫如洗的家,内心的(　　　)之感越来越强烈。
③ 屋子里失火了,浓烟滚滚,他在(　　　)中打开窗户跳了下去。
④ 你这次的学习成绩没有让爸爸妈妈(　　　),我们一定要好好奖励你!

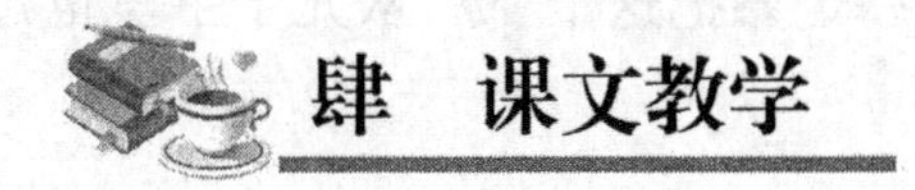

肆　课文教学

一、课文教学说明(课文见教材 p.93~95)

1. 关于文体:本文是一篇叙事散文。

2. 关于内容:这是一个精彩的小故事。作者写了一场发生在三口之家的争论,围绕着一个很简单的问题展开:谁去邮局寄邮件。但作者却把情节写得一波三折,曲折生动,而且还具有一定的悬念。在这个短短的小故事中,三个人物的性格:“我”的幽默机智,先生的体贴爱家、儿子的干脆冲动都得到了充分的表现,跃然纸上;更值得一提的是,这篇课文通过这样一个发生在家庭内部的小故事，反映了时代的变化，反映了中国人价值观念的变化和经济意识的加强，称得上是时代的一个缩影。一种轻松有趣的幽默感贯穿全文，几乎体现在每一个细节，每一句话语中，成为文章的最大特色。

3. 关于语言：本文的语言独具风格，最大的特点是使用一些程度很高的词语来写一些平凡的小事。比如“狼烟四起”、“垄断封锁”、“气壮山河”、“悲壮”、“见义勇为”、“当仁不让”等等，用在小事上颇有幽默感；另外，文章中成语、俗语的使用和简短而口语化的句子结合得完美无缺，值得我们反复体味。

4. 这篇课文的以上特色必须经过反复阅读才能有较深的体会，所以教师要想方设法鼓励学生多读课文。

二、课文内容提问

1. 平时先生常常为“我”做什么事情？最近他的态度为什么有了变化？
2. 有一天，“我”的先生从邮局回来为什么“气哼哼”的？
3. 后来先生为什么又“快活起来”了？
4. “我惊叫：‘真够黑的啦！’”是什么意思？这句话指的是什么事情？
5. 这部分的最后结果是什么样的？
6. 从这一部分的内容来看，你觉得课文中人物的家庭关系怎么样？
7. 作者为什么把儿子称为“小黑马”？
8. 儿子是怎么参加这场竞争的？具体说一说儿子和父亲竞争的过程。
9. 说一说课文中的“鹬蚌相争，渔翁得利”具体是指什么？
10. 先生最后做出了一个什么决定？他为什么要“悲壮”地说话？
11. 你认为儿子在这场“竞争”中起了什么样的作用？
12. 你认为先生为什么一定要把这个“标”从儿子手里抢过来？

三、教学活动建议

1. 三人一组，先把课文改编成短剧，然后进行表演。
2. 集体讨论：① 课文中哪些地方表现出了幽默感，幽默在什么地方？
   ② 说一次发生在你们家，或者朋友之间、同学之间、同事之间的争论。
3. 从下面的问题中选择一个，分组讨论，然后进行总结：
   A. 在你看来，“竞争”是一件好事还是一件坏事？应该如何评价社会中无处不在的竞争？

B. 你认为通过课文中的故事我们可以看到近年来中国社会发生了什么样的变化？

伍 参考答案

一、词语辨析部分补充练习(见使用手册 p.75～77)参考答案

1. 清晰——清楚

① 清楚 / 清晰　② 清楚　③ 清楚　④ 清清楚楚

2. 争斗——斗争

① 争斗　② 斗争　③ 斗争　④ 斗争

3. 可惜——惋惜

① 可惜　② 可惜　③ 惋惜　④ 可惜

4. 绝望——失望

① 失望　② 绝望　③ 绝望　④ 失望

二、语言点练习(见教材 p.102～105)参考答案

1. 不已

【练习】用上面的例子完成句子：

(1) 小王在国外留学;听到母亲去世的消息,感到非常悲伤。
(小王在国外留学,听到母亲去世的消息,悲伤不已。)

(2) 他是个非常幽默的人;讲的笑话能让人笑上半天。
(他是个非常幽默的人,讲的笑话能让人大笑不已。)

(3) 结婚两年之后,他们俩的关系越来越紧张,每天吵闹不已。

(4) 你去过敦煌吗？那里的壁画气势恢宏,形象优美,令人赞叹不已。

2. 这么说

【练习】用“这么说”或“这么说来”改写或完成下面的对话：

(1) A：我是江苏人,我的老家就在江苏苏州。
B：咱们俩还是同乡呢。(这么说,咱们俩还是同乡呢。)

(2) A：我非常喜欢吃冷面、泡菜、酱汤之类的东西。
B：那你一定常去韩国风味的饭馆吧？
(这么说来,你一定常去韩国风味的饭馆吧？)

(3) A：我给你推荐一种新出的食用油，它低脂肪，低热量，里面还有丰富的维生素和矿物质呢。

B：这么说，一定对健康很有好处啊，你快告诉我吧。

(4) A：我周末没事的时候，喜欢在北京的大街小巷溜达，逛一逛大大小小的商店，和各种各样的北京人聊聊天。

B：这么说来，你已经成了个“北京通”了吧。

3. 别无

【练习】用“别无……”或“别有……”改写或完成下面的对话：

(1) A：我和妈妈吵架了，我说了伤害她的话，你认为我现在该怎么办才好？

B：我觉得你应该马上去向你妈妈道歉，除此之外没有更好的办法。

(我觉得你应该马上去向你妈妈道歉，除此之外别无办法。)

(2) A：你昨天去的那家咖啡馆怎么样？

B：真的很不错，别有情调，有机会咱们一起去吧。

(3) A：我特别想知道你现在最大的愿望是什么？

B：我现在最大的愿望就是全家人身体健康，除了这个别无其他愿望。

(4) A：我觉得那个人这么做完全是无意的，你觉得呢？

B：不是。我觉得他是别有用心的。

4. 睫毛都不眨

【练习】用“睫毛都不眨”或“眼睛都不眨”改写或完成句子：

(1) 他们俩恋爱两年多了，感情越来越深，当他向她求婚时，她马上就同意了。

(他们俩恋爱两年多了，感情越来越深，当他向她求婚时，她眼睛都不眨就同意了。)

(2) 她太溺爱自己的孩子了，只要孩子提出要求，她答应的时候睫毛都不眨。

(3) 一看到那台自己心仪已久的电脑，小张眼睛都不眨就买下了。

(4) 虽然孩子学钢琴的学费非常昂贵，但王女士支付这笔钱时每次都是连睫毛都不眨。

5. 毫不

【练习】一、用“毫不”、“毫无”填空：

(1) 当王风向她求婚时，她(毫不)犹豫地答应了。

(2) 老师对我们非常严格，扣分的时候(毫不)留情。

(3) 很多年轻人对京剧(毫无)兴趣。

(4) 这件事跟我(毫无)关系，你别跟我说。

二、用“毫不”或“毫无”改写或完成句子：

(1) 虽然失败了，但是他一点也不后悔，因为他获得了宝贵的经验。

(虽然失败了，但是他毫不后悔，因为他获得了宝贵的经验。)

(2) 你别相信那些小道消息，都是毫无根据的谣言。

(3) 他总是我行我素，对别人的看法，毫不在意。

(4) 他因酒后驾车被扣分罚款后，还与警察纠缠不休，简直毫无道理。

6. 过头

【练习】用“动／形＋过头”的格式改写或完成下面的句子或对话：

(1) 现在的中国家长往往在生活上给孩子的保护太多了；不利于孩子的成长。

(现在的中国家长往往在生活上对孩子保护过头，不利于孩子的成长。)

(2) 多活动的确对身体有好处，但活动过头也会损害身体。

(3) A：小王最近为什么上班老迟到呀？

B：他每天整晚上网，早上常常睡过头，当然就迟到啦！

(4) A：听说小王昨天出了车祸，是怎么回事啊？

B：他连续工作了二十个小时，疲劳过头，导致了车祸。

三、部分“综合练习”(见教材 p.106～110)参考答案

Ⅰ 词语练习

一、填入合适的名词

编辑(稿件)　　携带(包裹)　　巴结(老板)

讨好(学生)　　承包(工程)　　垄断(市场)

封锁(消息)　经营(服装)　赚(钱)

二、填入合适的动词

清晰地(表达)　快活地(唱歌)　慎重地(回答)

干脆地(决定)　气哼哼地(离开)　忙不迭地(打扫)

三、写出下列词语的近义词或反义词

(一) 写出近义词

清晰——清楚　慎重——谨慎

退缩——后退　巴结——讨好

封锁——封闭　过头——过分 / 过度

(二) 写出反义词

过头——恰当 / 合适　无偿——有偿

降价——涨价　快活——难过 / 痛苦 / 忧愁

慎重——轻率　退缩——前进

四、填入正确的量词

一(匹)马　一(顿)训　一(根)擀面杖

一(辈)子(一生)

五、选词填空

(一) 1. 慎重　2. 合算　3. 巴结　4. 悻悻

5. 讨好　6. 正当　7. 悲壮　8. 乐意

(二) 1. 清清楚楚　2. 斗争　3. 可惜　4. 失望

5. 清晰　6. 争斗　7. 惋惜　8. 绝望

六、解释句子中画线词语的意思

1. C　2. A　3. A　4. C　5. C　6. A　7. B　8. B　9. A

七、用所选的词语填空,并模仿造句

1. 狼烟四起　2. 一如既往　3. 当仁不让　4. 见义勇为

5. 相安无事　6. 天长日久　7. 气壮山河

Ⅱ课文理解练习

一、根据课文内容判断正误

1. ×　2. ×　3. √　4. ×　5. √　6. ×

7. √　8. √　9. √　10. √　11. ×　12. ×

四、部分“阅读与理解”(见教材 p.113～114)参考答案

(一) 根据文章的内容选择正确答案

1.A　2.B　3.C　4.A　5.B　6.A　7.C　8.A　9.B

陆　文化知识点补充说明

“见义勇为”的出处

《论语·为政》:“见义不为,无勇也。”意思是:看到正义的事而不去做,就是没有勇敢精神。现在是指看到正义的事,就勇敢地去做。

“当仁不让”的出处

《论语·卫灵公》:“当仁不让于师。”意思是:面临仁义之事,即使是老师,也不同他谦让。现在指遇到应该做的事就积极主动去做而不推让。

“鹬蚌相争,渔翁得利”的故事

这个成语出自于《战国策·燕策二》。故事是这样的:

赵国将要讨伐攻打燕国,苏代为燕国去游说赵惠王说:“今天我来,渡过易水时,看到一个老蚌怕出来晒太阳,有个鹬鸟看到后跑来啄食它的肉,蚌马上合上,两片壳刚好夹住了鹬鸟嘴巴。鹬鸟说:‘如果今天不下雨,明天不下雨,小蚌你死定了。’蚌说道:‘你的嘴巴今天抽不出,明天抽不出,等死的是你。’两个都不肯舍弃让步。这时,刚好有个老渔翁走过来,一下子把他们俩都捉住了。现在赵国攻打燕国,燕赵两国长时间相持,对两者都没好处,我恐怕强大的秦国要当渔夫了。所以请大王再仔细考虑这件事。”赵惠王说:“好。”于是停止了攻打燕国的计划。

后人就以“鹬蚌相持,渔人得利”来比喻双方相持不下,互相争斗,结果两败俱伤,让第三者占了便宜。

第六课　天才梦

壹　背景材料

一、张爱玲，1920生于上海，是名门闺秀，从小就表现出非凡的文学天才。她1939年考入香港大学，1942年开始职业写作生涯，成名时只有二十三四岁，是在抗战时期的上海。1952年赴香港，1966年定居美国。1995年的中秋之夜，这位中国文学界的才女在美国洛杉矶一所公寓内离世，享年七十五岁，当时她身边没有一个亲人。

二、《第一炉香》和《第二炉香》是张爱玲的成名作，这两篇作品向当时的上海文坛宣布了一颗夺目的新星的降临。继之而来的《红玫瑰与白玫瑰》、《倾城之恋》、《金锁记》等等，更是奠定了她在中国现代文学史上的重要地位，使得她被认定为当时上海首屈一指的女作家。张爱玲的其他主要作品有：散文集《流言》，散文小说合集《张看》，中短篇小说集《传奇》，长篇小说《秧歌》、《赤地之恋》、《半生缘》等。她晚年从事中国文学评价和《红楼梦》研究。可以说，张爱玲在上个世纪五十年代就已经完成了她最主要的创作。

三、在中国现代文学史上，张爱玲占有一席重要位置。她的作品，不论是小说还是散文，几乎都是以上海、香港等大都市作为背景的。她对都市生活特别敏感，有一份独特的见解和感悟，再加上流畅而又优美的语言，形成了颇具特色的个人风格，使得她的作品十分耐人寻味。有人这样评价说："文字在她的笔下，才真正有了生命。"她的逝世使她的名字在文坛上再一次复苏，以至于形成了一股"张学"热。

四、张爱玲一生经历了两次婚姻。第一次是1944年与胡兰成相识结合；但仅仅过了短短的三年就分手了。此后张爱玲在美国又有过一次婚姻，她与第二任丈夫赖雅相识于1956年，对方是个左派作家，两个人在同年结婚，直到1967年赖雅逝世。

贰 教学目标与步骤

一、教学目标

语 言	内 容	文 化
1. 理解并运用本课的重点词语（见“重点词语讲解”）。 2. 掌握词语辨析： （1）古怪—奇怪 （2）束缚—约束 （3）踌躇—犹豫 （4）懊悔—懊恼 3. 掌握语言点： （1）被视为 （2）……式 （3）免 （4）予	1. 读完全文，理解课文中“我”的“天才”表现在什么地方。 2. 在此基础上，进一步分析作者为什么以“天才梦”为题目？ 3. 思考课文中的“我”是否算得上是一个天才。世界上到底有没有天才？ 4. 思考造就天才的主要因素有哪些。	1. 了解关于唐诗的基本知识。 2. 了解著名的风景名胜西湖。 3. 了解关于七夕节的知识。

二、教学步骤

1. 导入。介绍课文内容及背景。
2. 词语1～53。词语辨析1～3。
3. 第一部分课文(到“在富丽堂皇的音乐厅里演奏”)。注释1～10。语言点1～3。
4. 词语54～96。词语辨析4。
5. 第二部分课文。注释11～18。语言点4。
6. 做“综合练习”。
7. 阅读与理解。

三、建议课时：7~8课时。

叁　词语教学

一、重点词语讲解（见教材 p.118~121）

(2) 视为

A. 把……视为……：这个种族的人把太阳~崇拜的对象。

B. 被(……)视为……：乒乓球被中国人~国球。

C. 视……为……：我一直视他为最好的朋友。

(5) 褪色

A. 指颜色变淡（也写成退色）：这件衣服洗过几次后就~了。

B. 比喻感情、思想、意志的减弱：

结婚20年了，他们的感情还是那么浓厚，一点儿也没有~。

他的坚强意志随着年龄的老化而渐渐~了。

(6) 一无所有

A. 做谓语：他除了几本书以外~。

朋友搬走以后，房间里空空荡荡，~。

B. 做定语：公司倒闭以后，他成了一个~的人。看着~的房间，我的心里空落落的。

(11) 誉为

A. 把……誉为……：中国人把江苏、浙江~"天堂"和"鱼米之乡"。

B. 被……誉为……：上海被~中国的经济之都。

(16) 悲剧

A. 量词：场、出、幕。

B. 反义词：喜剧。

C. 扩展：悲喜剧。

(22) 诗意

A. 动词＋～：富有～、充满～、创造～、产生～、减少～、增加～。

B. 形容词＋的＋～：浪漫的～、浓郁的～、美好的～、浓厚的～、无穷的～。

(28) 蒙

A. 常用搭配：～皇帝特许；～你关照；～领导关心；～你惦念。

B. 双音节“承蒙”：～关照、～照顾、～批准、～关心、～帮助、～指导、～夸奖。

(34) 隔绝

A. ～＋名词：～消息、～音信、～空气、～声音、～动物、～有害物质。

B. 与(和、跟)……隔绝：他生病以后过着与世～的生活。

C. 近义词：隔断、隔离；反义词：联系。

(35) 自耕自织

A. 做谓语：这里的人们～，还生活在原始状态。

B. 做定语：这里的人们还过着～的生活。

C. 扩展：自给自足、自产自销、自卖自夸、自娱自乐、自暴自弃、自说自话、自言自语、自高自大、自吹自擂、自觉自愿、自私自利、自怨自艾、自作自受。

(36) 特地

A. ～＋动词(结构)：～买了水果、～去看望他、～告诉我、～打电话。

B. 近义词：特意、特别、专门。

(37) 打

一～笔、一～袜子、一～本子、一～光盘、一～鸡蛋。

(39) 预期

A. 常带词组或小句作宾语：工程～明年完工。

～三年以后毕业；～会取得成功；～得花2000元。

B. 修饰名词：～目标已经达到；收到～效果；满足～要求。

(40) 洋洋

形容众多、盛大的样子：～万言、～大作、～大观、～洒洒。

(45) 帧

一～绘画、一～插图、一～书法作品、一～照片。

(50) 穷困

A. ～的＋名词：～的人、～的家、～的生活、～的家境、～的地方。

B. 近义词：穷苦、贫穷、贫困；反义词：富裕、富有、富足。

(52) 富丽堂皇

A. 做谓语：宴会大厅～。

B. 做定语：～的商店、～的剧院、～的场面、～的客厅。

C. 做补语：装修得～、装饰得～、打扮得～。

(56) 敏感

A. ～的＋名词：～的人、～的性格、～的神经、～的精神、～的动物、～的问题、～的话题。

B. ～地＋动词：～地意识到、～地觉察到、～地发现。

C. 近义词：敏锐；反义词：迟钝、麻木。

(58) 穿戴

A. 动词：～上衣帽、赶快～、～好了。

B. 名词：～整洁、～入时、喜欢～、讲究～。近义词：穿着、衣着。

(59) 携手

A. 手拉着手：他们俩散步时老携着手；小朋友们～并肩往前走。

B. 比喻共同做某事：两强～、～合作、～努力；让我们携起手来，一起创造世界和平。

(60) 浓厚

A. 指具体的事物：～的味道、～的云雾、～的烟雾、～的水汽、～的色彩、～的云层。

B. 指抽象的事物：～的节日气氛、～的中式风格、～的传统观念、～的封建思想、～的社会风气、～的诗意、～的兴趣、～的感情。
C. 近义词：深厚、浓郁；反义词：淡薄。

(65) 堆砌

A. 堆高砖石并黏合：～砖头、～石头、～一座墙、～一个花坛。近义词：堆积。
B. 比喻使用大量华丽而又无用的词语：～词语、～文字。

(68) 自信

A. 动词：我～能够做好这件事情；他～一定会考上北大。
B. 名词：有～、充满～、失去～、需要～、培养～、增加～、提高～。
C. ～的＋名词：～的人、～的样子、～的口气、～的表情。
D. ～地＋动词：～地说、～地回答、～地认为。
E. 反义词：自卑。

(82) 待人接物

A. 做定语：我们应该学习～的方法。在～方面，他很有经验。
B. 做主语：～要讲究分寸。～要恰当。
C. 做宾语：年轻人应该学习～。她很善于～。

(83) 显露

A. ～(出)＋名词：～才华、～才能、～能力、～表情、～神色、～矛盾、～问题、～缺点、～弊病、～痕迹、～特征、～特点、～区别。
B. ～出＋形容词：～出不安、～出兴奋、～出痛苦、～出自信、～出虚伪、～出真诚、～出幸福、～出快乐、～出忧愁。
D. 近义词：显示、表露；反义词：隐藏、掩盖。

(85) 均衡

A. ～的＋名词：～的营养、～的状态、～的数量、～的力量。
B. ～(地)＋动词：～发展、～提高、～分配、～分布、～安排、～排列。
C. 近义词：平均、平衡；反义词：失衡。

(87) 领略

A. ～＋名词：～诗意、～道理、～内含、～精神、～风格、～情调、～趣味、～景色、～奥秘、～奥妙、～风光、～风情、～味道、～特色。

B. 近义词：领会、感受。

(89) 巅

A. 山顶：山～、泰山之～。

B. 比喻最高峰：～峰、达到～峰、～峰时期、～峰状态、事业的～峰。近义词：顶峰、高峰。

(90) 交接

A. 交和接：～工作、～任务、～手续、～事情、～文件。

B. 连接、交替：春夏～、冷暖～、季节～。

(93) 袭

用于衣服。一～袍子、一～长袍、一～婚纱、一～长裙、一～披风。

(94) 华美

A. ～的＋名词：～的服装、～的装饰、～的首饰、～的大厅、～的钢琴、～的图案、～的画面、～的音乐、～的乐章、～的文笔、～的外表、～的风格、～的场面、～的色彩。

B. 近义词：华丽、艳丽；反义词：简陋。

二、词语辨析部分的异同归纳及补充练习(见教材 p.123～125)

1. 古怪——奇怪

◈ **相同之处：**

	古 怪　　　奇 怪
1. 语义：	都有与平常不一样的意思。
2. 词性：	都是形容词。

◈ 相异之处：

	古　怪	奇　怪
1. 语义（一）：（见例 1、2、3、4）	侧重于生疏罕见，让人觉得诧异。语义重，使用范围小。	侧重于与经验不合，难以理解。语义轻，使用范围大。
2. 语义（二）：（见例 5、6）	着重在事物本身的性质。	强调心里的感觉。
3. 语义（三）：（见前面例子）	多用于贬义。	是中性词。
4. 搭配：	常和“稀奇”在一起：稀奇古怪。也可以说“古里古怪”。	没有这种搭配。

【练习】

① 我家隔壁住着一个性格(　　　)的老头，他从来不与任何邻居来往。
② 叔叔家里尽是些从世界各地带回来的稀奇(　　　)的玩意儿。
③ 这个表是昨天刚换的电池，怎么今天就不走了？真(　　　)！
④ 老房子里面藏着一条蛇，这有什么(　　　)的？在我们老家很常见。
⑤ 这座建筑物的墙是欧洲风格的，屋顶是中国风格的，看上去古里(　　　)的。

2. 束缚——约束

◈ 相同之处：

	束　缚　　约　束
1. 语义：	都有限制、控制的意思。
2. 词性：	都是动词。

◆ 相异之处：

	束 缚	约 束
1. 语义（一）：轻重不同（见例 1、2）	指限制在狭窄的范围内，语义较重。	指限制在一定的范围内，语义较轻。
2. 语义（二）：（见例 3）	有捆绑的意思。	没有这个意思。
3. 语义（三）：褒贬不同（见例 4、5）	褒义词。	中性词。
4. 搭配：	多与错误或落后的思想、观念、制度等搭配。	多与规定、法令、条例、要求等搭配。
5. 重叠：（见例 6）	不能重叠。	可以重叠：约束约束。

【练习】

① 这个孩子太散漫了，必须制定一些规矩（　　　）他，要不就毁了。

② 每个社会都必须依靠法律来（　　　）人的行为，否则将是不可想象的。

③ 在很多时候，我们是被自己的一些固定的想法（　　　）住了手脚。

④小偷刚要下手，突然觉得自己的两只手被牢牢地（　　　）住了。

⑤ 不要让旧的思想观念把自己的头脑（　　　）住，要敢于大胆地创新。

3. 踌躇——犹豫

◆ 相同之处：

	踌 躇　　犹 豫
1. 语义：（见例 1、2）	都有拿不定主意的意思。
2. 词性：（见 4、5）	都有形容词和动词两种用法。

◆ 相异之处：

	踌 躇	犹 豫
1. 语义：（例 3）	可以形容得意的样子。	没有这个意思。
2. 重叠：	不能重叠。	可以重叠为：犹犹豫豫。
3. 语体：	多用于书面语。	书面语和口语都常用。

【练习】

① 他成了网络精英，才二十多岁就已经家财万贯了，走到哪儿都是一副（　　　）满志的样子。

② 这段话是保留还是删除？他(　　)着,拿不定主意。
③ 这么好的机会你还(　　)什么？赶快当机立断吧！
④ 是去公司工作还是自己创业？他还在(　　)着,拿不定主意。

4. 懊悔——懊恼

◈ 相同之处：

	懊悔　懊恼
1. 语义：	都有后悔的意思。
2. 词性：（见例 3、4、5）	都是表示心理活动的动词，都可以受程度副词的修饰。
3. 重叠：	都不能重叠。

◈ 相异之处：

	懊悔	懊恼
1. 语义侧重点：（见例 1、2）	侧重表示后悔。	侧重表示烦恼。
2. 搭配：	可以带复杂的宾语。	没有这种用法。

【练习】

① 我真(　　)当初没有抓紧时间学习,错过了大好的青春时光。
② 今天什么事情都没有办成,还丢了自行车,他觉得满心(　　)。
③ 老王因为不注意饮食而得了糖尿病,现在心里(　　)万分。
④ 她十分(　　)地说:“我真不该在父母活着的时候不好好孝敬他们！”

肆　课文教学

一、课文教学说明(课文见教材 p.115～117)

1. 关于文体:本文是一篇以叙述为主,结合抒情的散文。

2. 关于内容:《天才梦》是张爱玲 19 岁时在《西风》杂志的征文比赛中所创作的一篇散文,因其所表现出的卓尔不群的才华,使她在文坛崭露头角,甚至被有些人视为张爱玲的处女作。

在这篇文章中，作者把自己人生中充满矛盾的一面明明白白地袒露在读者面前。她谈到了自己的才华出众和卓尔不群，也谈到了自己有平凡普通、热爱生活的一面，并写出了一个缺乏生活能力的才女面对日常生活中自己不能应对的琐事时所产生的痛苦和无奈。作者的态度是那么坦诚，那么自然，毫无保留地在读者面前展现了一个真实的自我。作者以"梦"冠名，通过自己的真实经历给我们提出一个值得思索而可以有很多答案的问题：到底什么样的人是真正的天才？

3. 关于语言：在文章中，作者用自然流畅而又舒缓的笔触，平静地叙述着自己的天才梦，语言既质朴、平易、干净，又具有高度的概括性与感染力，同时还穿插着几句华丽、睿智、生动、深邃的话，起到了画龙点睛的作用，将自然与高雅、华美与冷寂恰到好处地结合在了一起。文章中巧妙的譬喻，形象的描画，鲜明的对比，随意的嘲弄，无处不在，更加增添了文学色彩。尤其是文章的最后一句"生命是一袭华美的袍，爬满了蚤子"，以其惊世骇俗、震撼人心而又发人深思的力量，成为张爱玲的名言，充分展现了她所特有的、极富个性化的语言风格。在经历了半个多世纪之后，张爱玲的这篇文字今天看来仍然是那么优美流畅，丝毫不给人过时的感觉，这充分证明她是一位名副其实的语言大师。

二、课文内容提问

1. "我"小时候是个什么样的女孩？
2. 作者说："世人原谅瓦格涅的疏狂，可是他们不会原谅我。"分析一下，作者为什么会这样说？
3. "我"小时候在文学方面有什么具体的作为？
4. "我"有些什么课外读物？
5. 具体说说"我"写的那部《快乐村》的小说是什么内容。
6. 《快乐村》这部小说最后写成功了吗？
7. 九岁时，"我"在考虑自己今后的职业时经历了一场什么样的变化？
8. 除了文学之外，"我"还有什么别的特长？
9. "我"在写文章方面有什么特色？
10. "我"的妈妈从法国回来后发现了什么？妈妈为什么说"我宁愿看你死"？
11. 为什么说"在现实社会里，我等于一个废物"？
12. 针对"我"的情况，妈妈采取了什么具体措施？
13. 妈妈所做的一切使"我"改变了吗？
14. "生命是一袭华美的袍，爬满了蚤子"，你怎么理解这句话的意思？

三、教学活动建议

1. 讲一个你所知道的关于天才的故事。
2. 分组讨论,每组一题,并在全班做总结发言:
   A. 读完本文,你觉得“我”够得上是一个天才吗?为什么?
   B. 在“我”的生活中,有成功也有失败,有欢悦也有烦恼。你认为哪一个是主要的方面?说说你的理由。
   C. 你觉得正常人的聪明程度有区别吗?如果有区别,你认为是什么原因造成的?
   D. 你认为是当一个天才幸福还是当一个普通人幸福?为什么?
3. 小调查:设计一份调查表,调查你周围的五个中国人和五个其他国家的人,了解他们对天才的看法,并进行分类、比较。最后写出一篇小报告。
4. 欣赏根据张爱玲作品改编的电影的片断。

伍　参考答案

一、词语辨析部分补充练习(见使用手册 p.90~93)参考答案

1. 古怪——奇怪
   ①古怪/奇怪　②古怪　③奇怪　④奇怪　⑤古怪
2. 束缚——约束
   ①约束　②约束　③束缚　④束缚　⑤束缚
3. 踌躇——犹豫
   ①踌躇　②踌躇/犹豫　③犹豫　④犹犹豫豫
4. 懊悔——懊恼
   ①懊悔　②懊恼　③懊悔　④懊悔

二、语言点练习(见教材 p.126~128)参考答案

1. 被视为

【练习】用“被……视为”或“把……视为”改写或完成句子、对话:

(1) 在现代社会中,电脑已经是人们生活中不可缺少的东西了。
(在现代社会中,电脑已经被人们视为生活中不可缺少的东西了。)

(2) 我是个书呆子，把看书学习视为我生活中最重要的事情。

(3) A：你能告诉我你最好的朋友是谁吗？

B：我把大学同学小刘视为我最好的朋友。

(4) A：你能给我们介绍的你们国家最大的特色是什么？

B：具有悠久传统的饮食被视为我们国家最大的特色。

2. 式

【练习】用"……式"改写或完成句子、对话：

(1) 旗袍是典型的中国服装，很多外国女性来中国后都会买一件带回去。

(旗袍是典型的中国式服装，很多外国女性来中国后都会买一件带回去。)

(2) A：这套家具真不错，你能给我具体介绍一下吗？

B：这是典型的中国明式家具，古色古香，典雅高贵。

(3) A：今天我请你吃饭。你喜欢吃什么样的？

B：你来决定吧。对我来说，欧式的、俄式的、日式的，什么都行。

(4) A：上海外滩的建筑有什么特点？北京故宫的建筑有什么特点？

B：上海外滩的建筑是欧式的，而北京故宫的建筑是典型的中国传统式建筑。

3. 免

【练习】用"免"或"以免"、"免得"改写、完成句子：

(1) 如果在这里买东西，可以喝不花钱的饮料。

(如果在这里买东西，可以喝免费的饮料。)

(2) 鉴于他的学习成绩非常优秀，在体育方面也有特长，学校决定让他免试入学。

(3) 各种工地或工厂都应该采取严密的安全措施，以免发生安全事故。

(4) "防患于未然"这句话的意思是：在灾难没有发生的时候就要采取预防措施，免得灾难一旦发生时措手不及。

4. 予

【练习】用上面所给的"予"的格式或"予以"改写、完成句子和对话：

(1) 对于学习特别优秀的学生，学校都会给他奖励，鼓励他继续努力学习。

(对于学习特别优秀的学生，学校都会予以奖励，鼓励他继续努力学习。)

(2) 现在，书籍和光盘的盗版现象屡禁不止，国家采取了各种措施给予打击。

(3) 经过小王的一再申请，A 国政府终于准予他入境了。

(4) A：很多父母都有"望子成龙"的想法，你爸爸妈妈对你有什么希望吗？

B：他们对我寄予了很大的希望。

三、部分"综合练习"(见教材 p.129～134)参考答案

I 词语练习

一、填入合适的名词

束缚(思想)	尝试(事物)	装修(房屋)
演奏(乐器)	堆砌(词语)	领略(情趣)
古怪的(脾气)	乖僻的(性格)	华美的(袍子)
贫穷的(家庭)	敏感的(话题)	浓厚的(情调)
一打(铅笔)	一帧(照片)	一袭(婚纱)

二、填入合适的形容词

(英俊)的神童	(快乐)的童年	(细心)的裁缝
(有趣)的题材	(漂亮)的插画	(明显)的字眼

三、填入合适的动词

(流下)泪珠	(征收)赋税	(拥有)自治权
(购买)时装	(充满)诗意	(露出)失望的神态
固执地(认为)	幽默地(发言)	茫然地(发呆)
沉痛地(宣布)	欢悦地(歌唱)	烦恼地(等待)

四、填入合适的量词

一(帧 / 幅 / 张)插画	一(篇 / 部)大作	一(朵)荷花
一(间)餐室	一(架)钢琴	一(篇 / 个 / 本)童话

五、写出下列词语的近义词或反义词

（一）写出近义词

童年——幼年 / 儿时

束缚——约束

穷困——贫穷

浓厚——浓重 / 浓郁 / 浓烈

俗气——庸俗 / 土气

愚笨——愚蠢

沉痛——悲痛

均衡——平衡 / 平均

华美——华丽

（二）写出反义词

古怪——正常 / 普通

悲剧——喜剧

少量——大量

踌躇——果断 / 坚决

敏感——迟钝

自信——自卑

烦恼——愉快

隔绝——沟通 / 连通

一无所有——应有尽有

六、选词填空

1. 奇怪　2. 束缚　3. 犹豫　4. 懊悔　5. 古怪
6. 踌躇　7. 踌躇　8. 束缚　9. 约束　10. 古怪
11. 懊悔　12. 懊恼　13. 苦恼　14. 烦恼

七、解释句子中画线词语的意思

1. A　2. B　3. A　4. C　5. B　6. A　7. A

八、选择正确的答案

1. C　2. B　3. A　4. C　5. A　6. C　7. B　8. A

Ⅱ课文理解练习

一、根据课文内容判断正误

1. √　2. √　3. ×　4. √　5. √　6. ×
7. ×　8. √　9. ×　10. √　11. √　12. √
13. √　14. √　15. ×　16. √

四、部分“阅读与理解”(见教材 p.136～137)参考答案

（一）根据文章内容选择正确答案

1. A　2. C　3. B　4. B　5. A　6. C
7. B　8. A　9. B　10. B　11. A

陆 文化知识点补充说明

唐诗简介

唐代(618—907)是中国古典诗歌发展的全盛时期。唐诗是中国优秀的文学遗产之一,也是全世界文学宝库中的一颗灿烂的明珠。尽管离现在已有一千多年了,但许多诗篇仍然被广为流传,经久不衰。

唐诗的繁荣,从诗人和作品数量上就可以看出来。唐代的诗人特别多。除了李白、杜甫、白居易这些世界闻名的伟大诗人之外,还有许许多多的诗人,像晴朗夜空中闪烁的群星。这些诗人,留下名字的有两千二百多人,保存在《全唐诗》中的作品有四万八千九百多首。不过,唐诗之盛更主要的标志是涌现出了李白、杜甫、白居易、王维、孟浩然、高适、岑参、韩愈、柳宗元、刘禹锡、李贺、李商隐、杜牧等一大批优秀的诗人。这使得唐诗的水平超过了中国历史上任何一个朝代。

唐诗的题材非常广泛。有的深刻反映当时社会的阶级状况和阶级矛盾,揭露了封建社会的黑暗;有的歌颂正义战争,抒发爱国思想;有的描绘祖国河山的秀丽多娇;此外,还有抒写个人抱负和遭遇的,有表达幸福爱情的,有诉说朋友交情、人生悲欢的等等。总之从自然现象、政治动态、劳动生活、社会风俗,直到个人感受,都被诗人敏锐的目光所捕捉,成为他们写作的题材。在创作方法上,既有现实主义的流派,也有浪漫主义的流派,而许多伟大的作品,则又是这两种创作方法相结合的典范,形成了我国古典诗歌的优秀传统。

唐诗的形式也是多种多样的。唐代的古体诗,基本上有五言和七言两种。近体诗也有两种,一种叫做绝句,一种叫做律诗。绝句和律诗又各有五言和七言之不同。所以唐诗的基本形式基本上有这样六种:五言古体诗,七言古体诗,五言绝句,七言绝句,五言律诗,七言律诗。古体诗对音韵格律的要求比较宽:一首之中,句数可多可少,篇章可长可短,韵脚可以转换。近体诗对音韵格律的要求比较严：一首诗的句数有限定，即绝句四句，律诗八句，每句诗中用字的平仄声，有一定的规律，韵脚不能转换；律诗还要求中间四句成为对仗。古体诗的风格是前代流传下来的，所以又叫古风。近体诗有严整的格律，所以有人又称它为格律诗。近体诗是当时的新体诗，它的创造和成熟，是唐代乃至后代诗歌发展史上的一件大事。它把中国古曲诗歌的音节和谐、文字精炼的艺术特色，推到前所未有的高度，为古代抒情诗找到一个最典型的形式，至今还特别为中国人民所喜闻乐见。

唐诗分为初、盛、中、晚四个时期，初、盛期可以合称为唐诗前期，中、晚期可以合称为唐诗后期，前后的大致分界线是爆发于天宝十四年(755)的“安史之乱”。

杭州西湖

杭州西湖位于浙江省杭州市西部，杭州市市中心。唐代时因湖在城西，始称西湖。原是与杭州湾相通的一个浅水湾，后由泥沙阻塞，海面被隔断，内侧的海水就形成了一个湖。湖岸周长约 15 千米，面积 5.66 平方千米。平均深度 1.21 米，最大深度 6.52 米，最浅处不到 1 米。环湖有南高峰、北高峰、玉皇山等。孤山、苏堤和白堤将湖面分成里西湖、外西湖、岳湖、后西湖和小南湖五个部分，湖中有三个美丽的小岛。由这些景色所形成的西湖风景区早已成为世界著名的风景游览胜地，这里山水秀丽，风光旖旎，景色宜人。

西湖处处有胜景，历史上除有“钱塘十景”、“西湖十八景”之外，最著名的是南宋时定名的“西湖十景”和 1985 年评出的“新西湖十景”。在以西湖为中心的 60 平方千米的园林风景区内，分布着风景名胜 40 多处，重点文物古迹 30 多处。1982 年西湖被确定为国家风景名胜区，1985 年被评为“中国十大风景名胜”之一。2007 年 5 月 8 日，杭州市西湖风景名胜区经国家旅游局正式批准为国家 5A 级旅游景区。

宋代著名文学家苏轼在《饮湖上初晴后雨》一诗中这样盛赞西湖美景：“水光潋滟晴方好，山色空濛雨亦奇。若把西湖比西子，淡妆浓抹总相宜。"在诗人的笔下,西湖像美女西施一样,婀娜多姿,风姿绰约,美妙无比,令人神往。从此,西子湖就成了西湖的别称。

七夕节

在中国,农历七月初七这一天是人们俗称的七夕节,也有人称之为"乞巧节"、"七桥节"、"女儿节",近年来又发展为"七夕爱情节"、"中国的情人节"。这是中国传统节日中最具浪漫色彩的一个节日,也是过去姑娘们最为重视的日子。在这一天晚上,妇女们要穿针乞巧,并祈求幸福婚姻,祭拜织女,仪式虔诚而隆重。

这个节日来自于中国古代关于牛郎织女的传说。相传织女是天帝的孙女,长年织造云锦。她爱上了人间一位勤劳的小伙子牛郎,不顾天帝的反对,嫁到人间,从此就不再织锦了。天帝大怒,责令她与牛郎分离,只准每年的七月初七相会一次。天上的乌鹊被他们的爱情感动,每到他们相会的日子,就在天河上搭起桥梁,称为"鹊桥",为他们的约会提供了方便。

这样,七夕坐看牵牛织女星,就成了民间的习俗。传说中的织女是一个美丽聪明、心灵手巧的仙女,凡间的妇女便在这一天晚上向她乞求智慧和巧艺,也少不了向她求赐美满姻缘,所以七月初七也被称为乞巧节。

人们还传说,在七夕的夜晚,抬头可以看到牛郎织女在银河相会,在瓜果架下可偷听到两人在天上相会时的脉脉情话。

女孩们会在这个充满浪漫气息的晚上,对着天空的朗朗明月,摆上时令瓜果,朝天祭拜,乞求天上的仙女能赋予她们聪慧的心灵和灵巧的双手,让自己的针织女红技法娴熟,更乞求爱情婚姻的美满如意。

2006年5月20日,七夕节被中国国务院列入第一批国家非物质文化遗产名录。

第七课 人

壹 背景材料

一、作者蔡雨玲,1999年毕业于江苏省无锡市第三中学,后考入南京师范大学。现在从事语言文字和文学方面的工作。

二、本文是蔡雨玲高中时代的作品,获得首届中华杯"新概念作文比赛一等奖",并被选入新版全国中学语文课本,被公认为是一篇想象奇特、寓意丰富、语言生动的美文。

贰 教学目标与步骤

一、教学目标

语 言	内 容	文 化
1. 理解并运用本课的重点词语（见"重点词语讲解"）。 2. 掌握词语辨析: （1）屈服—服从 （2）险峻—险恶 （3）摸索—探索 （4）历程—过程 3. 掌握语言点: （1）比起……（来） （2）无比 （3）非凡 （4）动词1＋了＋动词2,动词2＋了＋动词1 （5）枚 （6）一时	1. 读懂全文内容并理解文章所含的基本寓意。 2. 分析作者所设计的四个人分别代表了什么？他们的名字各有什么寓意？作者想通过他们说明什么？ 3. 思考"没有人"的追求是否值得。 4. 思考在把理想变成现实在过程中什么因素最重要。 5. 多朗读几遍课文,感受并说出这篇文章的语言风格和特点。	1. 成语"峰回路转"的来历。 2. 关于"千山鸟飞绝,万径人踪灭"的来历和含义。

二、教学步骤

1. 导入。介绍课文内容及背景。
2. 词语 1～57。词语辨析 1～2。
3. 第一部分课文(到"'任何人'和'没有人'开始衰老")。注释 1～2。语言点 1～2。
4. 词语 58～99。词语辨析 3～4。
5. 第二部分课文。注释 3。语言点 3～6。
6. 做"综合练习"。
7. 阅读与理解。

三、建议课时:7~8 课时。

叁 词语教学

一、重点词语讲解(见教材 p.141～144)

(3) 平平

A. 名词+～:相貌～、长相～、成绩～、效果～、能力～、关系～。

B. 近义词:平常、平凡;反义词:出众、出色、突出。

(11) 屈服

A. 不带宾语:在强大的压力面前,他～了。虽然有很多困难,但我不～。

B. ～于:～于父母的压力、～于困难、～于权力、～于社会潮流。

C. 向……～:向习惯势力～、向传统观念～、向老板～。

D. 近义词:屈从、服从;反义词:反抗、对抗。

(12) 萧瑟

A. 形容风声:秋风～、寒风～、山风～、寒风～、冷风～。

B. 形容很冷清:大地～、田园～、山林～、庭园～;冬天的山林一片～。冬天的景物十分～。

C. 近义词:冷清、萧条;反义词:繁盛、繁茂。

(13) 匆匆

A. ～的＋名词：～的行人、～的神色、～的脚步、～的步伐。

B. ～(地)＋动词：～离去、～离开、～分别、～告别、～上路、～吃饭、～回家、～上班、～购买、～下课。

C. 不能受程度副词修饰。

D. 近义词：匆忙、急忙；反义词：悠悠、从容。

(14) 峰回路转

A. 形容山路、道路迂回曲折：在山里行走，你会感到迂回曲折，～。深山里面道路曲折，～，一不小心就会迷路。

B. 比喻在现实生活中遇到了麻烦，但又出现了好的转折：公司马上就要破产了，但没想到现在～，情况又有了好转。
考试一开始，他觉得很难，但后来～，他发现大部分内容都是他复习过的。
他们俩天天吵架，到了离婚的边缘，后来由于朋友的调解，现在又～了。

(16) 奔波

A. 不带宾语：我整天在外面～。他为了生活而～。

B. ～于……：小梅一到周末就～于各大商场。他常常～于北京、上海之间。

C. 近义词：奔走、奔忙。

(20) 磨难

A. 数量词＋～：一场～、一次～、一番～。

B. 动词＋～：经受～、经历～、受尽～、遇到～、饱受～、遭受～。

(23) 朝不保夕

A. 做谓语：公司一再亏损，已经～了。我自己都～，怎么还能帮助你呢？

B. 做定语：他的病情非常严重，已经到了～的地步。

(25) 荒无人烟

A. 做谓语：这一带～。这座山里面～。

B. 做定语：这是一片～的荒山野地。

(32) 潜

A. ～＋在:鳄鱼～在水中。很多海洋生物～在大海深处。

B. ～＋入:那条鱼一下子～入水中不见了。救生员～入水中救人。

C. 扩展:～水、～泳、～艇、～力、～能、～逃、～心、～伏(期)。

(34) 贪婪

A. 贪得无厌(含贬义):～的人、～的目光、～的样子、～的心理。

B. 渴求而不知满足(中性词):～地学习各种知识、～地吃着东西、～地看小说、～地玩电脑游戏。

(36) 火花

A. 迸发的火焰:焰火喷出灿烂的～。

B. 常常用于比喻精彩的东西:思想的～、精神的～、感情的～、生命的～;他们俩之间擦出了爱情的～。

C. 火柴盒上的图案:他收集了各种各样的～。

(40) 茹毛饮血

A. 做谓语:这个部落的人们刀耕火种,～,还过着原始的生活。

B. 做定语:这个故事发生在～的原始时代。这个村子还处在～的落后状态。这种～的生活让他难以忍受。

(53) 轻狂

A. ～的＋名词:～的人、～的性格、～的举止、～的行为、～的语言。

B. 近义词:轻浮;反义词:庄重、端庄。

(56) 沧桑

A. 动词＋～:刻下～、经历～、饱经～、留下～、(脸上)布满～。

B. 常用搭配:～岁月、岁月～。

C. 也可以做形容词用:～的脸、～的样子、满(一)脸～;他看起来很～。

(59) 吞吞吐吐

A. 做谓语:他～,有话不直说。有些问题不能直说,所以他～的。

B. 做定语：看着他～的样子，大家都替他着急。

C. 做状语：她～地说了半天，也没把事情说清楚。

D. 做补语：她说话说得～，谁也没有明白她的意思。

(60) 坎坷

A. 道路、土地不平：～的道路、～的土地、～的山地。

近义词：崎岖；反义词：平坦。

B. 比喻不顺利：～的一生、～的人生、～的生活、～的经历、～的遭遇、～的命运；一生～、半生～、处境～、前途～、婚姻～、事业～、学业～。

近义词：曲折；反义词：顺利。

(62) 消磨

A. 使意志、精力等逐渐消失：～身心、～意志、～性格、～精力、～体力、～智慧、～能力、～才智、～财力。

近义词：磨灭；反义词：增强、提高。

B. 浪费时间：～人生、～时间、～光阴、～生命、～青春、～假日。

近义词：虚度、耗费；反义词：珍惜。

(64) 无怨无悔

A. 做谓语：对于自己所做的事情，他～。

B. 做状语：他一辈子都在～地追求自己认定的事业。

C. 做定语：他的一生是～的一生。

D. 做宾语：虽然吃了很多苦，但我觉得～。

E. 扩展：无边无际、无法无天、无穷无尽、无时无刻、无忧无虑。

(65) 毅然决然

A. 做状语：他～地决定去中国留学。

B. 做定语：看着他～的样子，爸爸妈妈也就不再阻挡他了。

C. 做宾语：他的态度显得～，一副决不回头的样子。

(68) 羞愧

A. ～的＋名词：～的心情、～的感觉、～的表情、～的脸色、～的目光。

B. ～地＋动词：～地说、～地离开、～地道歉、～地低下头。

C. 近义词:惭愧。

(74) 挑战

A. ～＋名词:～对方、～对手、～自我、～纪录、～极限、～一项运动。

B. 动词＋～:发起～、接受～、拒绝～、害怕～、迎接～、欢迎～。

C. 向……～:向困难～、向敌人～、向一项纪录～、向疾病～。

(75) 极限

A. 动词＋～:到～、达到～、超过～、超越～、突破～、越过～、挑战～。

B. 常用搭配:～运动。

(76) 死里逃生

A. 做谓语,不带宾语:她在这次车祸中～。

B. 做定语:这次～的经历让他一辈子也忘不了。

(77) 挣扎

A. 不带宾语:他躺在地上～。有人把他绑起来,他就使劲～。

B. ～着＋动词结构:～着走路、～着去医院、～着把工作做完。

(78) 摸索

A. 由于看不清而试探:在黑暗中～、盲人～东西。

B. 探索、寻找:～道理、～办法、～经验、～规律、～技术、～理论。
近义词:探索、探求。

(79) 苍苍

A. 深绿色:林木～、松柏～。

B. (头发)灰白:两鬓～、白发～。

C. 空旷朦胧:山野～、天地～、天色～、雪山～。

(80) 追寻

A. 指具体的事物:～走失的人、～丢失的东西、～猎物。
近义词:寻找。

B. 指抽象的事物:～线索、～理想、～梦想、～前人的足迹、～美好的人生、～美好的事物、～幸福的生活。
近义词:追求。

(86) 萌动
A. 植物发芽:草木～、幼芽～、青草～。
近义词:萌发、萌芽。
B. 事物发动:生命～、春意～、爱情～、感情～、想法～、情绪～。
近义词:萌发、产生。

(87) 浓烈
A. ～的+名词:～的味道、～的气味、～的色彩、～的气氛、～的风味。
B. 近义词:浓郁、浓厚; 反义词:淡薄、清淡。

(90) 红润
A. ～的+名词:～的脸色、～的嘴唇、～的皮肤、～的脸蛋、～的面色、～的颜色、～的脸颊。
B. 近义词:润泽;反义词:枯黄。

(93) 身轻如燕
A. 做谓语:她在双杠上上下翻飞,～。
B. 做定语:～的体操运动员们每个动作都那么优美。

(94) 健步如飞
A. 做谓语:他～,后面的人追都追不上。
B. 做定语:他～的样子真像是一个专业的竞走运动员。
C. 做状语:发令枪一响,运动员们～地向前跑去。

(97) 神采奕奕
A. 做谓语:今天总经理～,显得格外精神。
B. 做定语:他拿了录取通知书回家,一副～的样子。
C. 做状语:轮到他了,他～地走上演讲台。
D. 做宾语:他昨天休息得很好,所以今天显得～。
E. 近义词:神采飞扬、容光焕发;反义词:没精打采、萎靡不振。

(98) 面面相觑

A. 做谓语：我们俩～，不知道该怎么办。

B. 做定语：看到他俩～的样子，我不由得笑了起来。

C. 做状语：大家～地看着经理发脾气，都不知道是什么原因。

二、词语辨析部分的异同归纳及补充练习(见教材 p.145～147)

1. 屈服——服从

◈ 相同之处：

	屈　服　　　服　从
1. 语义：	都有听从别人意愿的意思。
2. 词性：	都是动词。

◈ 相异之处：

	屈　服	服　从
1. 语义侧重点：（见例 1、2）	侧重在对外来压力妥协让步、放弃斗争，语义较重，是贬义词。	意思是遵照、听从，不一定违背本意，语义较轻，是中性词。
2. 搭配（一）：	范围较小，对象多为压力、敌人、强者等。	范围较大，对象可以是组织和人，也可以是纪律、法则、命令等抽象事物。
3. 搭配（二）：（见例 3、4、5、6）	在“于”后面带补语。	可以直接带宾语。

【练习】

① 人们常说：(　　　)命令是军人的天职。在军队中，必须一切行动听指挥。

② 最后，她不得不向来自家庭的压力(　　　)，放弃了自己的选择。

③ 如果我们遇到一点困难就(　　　)，那就什么事情都做不成了。

④ 由于不(　　　)公司的工作安排，他被炒了鱿鱼。

2. 险峻——险恶

◆ 相同之处：

	险 峻　　险 恶
1. 语义：	都可以形容山势、路途凶险。
2. 词性：	都是形容词。

◆ 相异之处：

	险 峻	险 恶
1. 语义侧重点：（见例 1、2）	强调山势高而陡。	强调山路凶险难行。
2. 语义（二）：（见例 3）	没有这个意思。	可以形容疾病、处境等的危险可怕。
3. 语义（三）：（见例 4）	没有这个意思。	还有“邪恶”、“罪恶”的意思。

【练习】

① 地处陕西的华山以山势(　　　)著称于世，一般人要想登顶绝非易事。

② 一位老者突发急病，情况(　　　)，人们赶快拨打了 999 急救电话。

③ 这里地处青藏高原的大山深处，自然环境(　　　)，生活十分艰苦。

④ 这个歹徒企图抢劫出租车，并且杀人灭口，用心极其(　　　)。

⑤ 北大山鹰队曾经征服过许多(　　　)的高山，也曾经为此付出过生命的代价，但他们并没有因此而停止向大自然的挑战。

3. 摸索——探索

◆ 相同之处：

	摸 索　　探 索
1. 语义：	都有试探、寻求的意思。
2. 词性：	都是动词。

◆ 相异之处：

	摸　索	探　索
1. 语义侧重点：（见例 1、2）	指在方向不明、经验不足的情况下一点一点地寻找。	侧重在深入地研究，试图发现隐藏的事物，多方寻找答案，解决疑难问题。
2. 语义项目：	因为看不见而用手试探。	没有这个意思。
3. 搭配：（见例 3、4）	多与方向、门径、经验、方法等搭配。	多与本质、根源、奥秘、规律、原因、知识、实质等搭配。

【练习】

① 学习语言的方法是各种各样的,需要每个人根据自身的特点,在自己的学习过程中慢慢(　　　)。
② 突然停电了,我在黑暗中(　　　)着去找手电和蜡烛。
③ 在课堂上,老师带领着孩子们去不断地(　　　)科学的奥秘。
④ 经过多年的艰苦(　　　),王教授终于找到了这个科学难题的答案。

4. 历程——过程

◆ 相同之处：

	历　程　　过　程
1. 语义：	都可以表示事物发展变化经过的程序、道路。
2. 词性：	都是名词。

◆ 相异之处：

	历　程	过　程
1. 语义侧重点：（见例 1、2）	侧重指人们经历的较长的不平凡的事情的过程，有庄重、严肃的色彩。	指一切事物进行或发展变化的经过与程序。
2. 搭配（一）：（见 3、4、5、6、7）	使用范围小，多用于革命、战斗、个人或组织的成长等。	使用范围较广，可用于一切事情的进行或事物发展变化的经过。
3. 搭配（二）：（见上例）	一般用于过去的、已经完成的事。	可以指过去、现在、将来的事。
4. 语体：	书面语。	口语、书面语。

【练习】

① 新中国的成立经历了不平凡的(　　　)。

② 回顾公司成立以来的发展(　　　),大家都深感科学的管理方法的重要。

③ 生产一台电脑的(　　　)非常复杂,需要很多部门的合作。

④ 中国的经济在以后的发展(　　　)中,还要继续与世界接轨。

⑤ 祝愿他们俩在今后的婚姻生活的(　　　)中,互敬互爱,白头到老。

肆　课文教学

一、课文教学说明(课文见教材 p.138～140)

1. 关于文体:本文是一篇叙事和抒情相结合、以抒情为主的散文。

2. 关于内容:本文通过"每个人"、"某个人"、"任何人"和"没有人"四个年轻的旅行者寻找仙果的虚构故事,揭示了深刻的生活哲理,包含着作者对生活的思考。它所表现的内容是多方面的,其中有一分耕耘一分收获的意思,有不畏艰险、努力追寻理想的意思,有人性的弱点和优点,还有社会的整体和个体的关系等等,引人深思。更值得一提的是,作者把这些内容融汇在这个虚构的故事中,寄托在四个虚构的人物身上来加以表现,从而更加耐人寻味。

3. 关于语言:本文在语言上特点鲜明。首先,对偶铺陈,多用排比,有效地增强了抒情的力度;其次,语言有强烈的节奏感,读来音节铿锵,酣畅淋漓;第三,词汇丰富,句式多样,充分表现了作者的语言才华。

二、课文内容提问

1. 四个年轻的旅行者为什么要去寻找仙果?
2. 这四个人一路上的情况怎么样?
3. 十年之后,发生了什么样的变化?
4. 剩下的三个人又继续上路了。他们遇到了什么?
5. 十年之后,又发生了什么样的变化?
6. 经历了这些事情,"任何人"和"没有人"与以前相比有了什么不同?
7. "任何人"由于什么原因而放弃寻找仙果?
8. 二十年后,"没有人"变成了什么样?

9. 有一天，“没有人”踏上了一块平地，他是怎么找到仙果的？
10. 仙果给“没有人”带来了什么变化？
11. 另外三个人吃了仙果以后效果怎么样？他们心里有什么样的感受？

三、教学活动建议

1. 教师提前布置背诵任务。在课堂上进行背诵比赛。
2. 分组讨论，一组一个问题，然后进行总结：
   A. 你认为作者给这四个人起的名字有什么含义？
   B. 从有记忆以来，你遇到过一些什么样的困难？你是怎么克服的？
   C. 在这四个人中，你会选择跟谁在一起？说说你的理由。
   D. 在你看来，人的一生中最重要的东西是什么？
3. 辩论：
   A. “没有人”的追求是值得的。
   B. “没有人”的追求是不值得的。

伍　参考答案

一、词语辨析部分补充练习(见使用手册 p.109～112)参考答案

1. 屈从——服从
   ① 服从　② 屈从　③ 屈从　④ 服从
2. 险峻——险恶
   ① 险峻　② 险恶　③ 险恶　④ 险恶　⑤ 险峻
3. 摸索——探索
   ① 摸索 / 探索　② 摸索　③ 探索　④ 探索
4. 历程——过程
   ① 历程　② 历程 / 过程　③ 过程　④ 过程　⑤ 过程

二、语言点练习(见教材 p.148～150)参考答案

1. 比起……(来)

【练习】完成句子(后两题请用“比起”)：

(1) 比起刚到中国的时候，我的汉语水平提高了很多。
(2) 比起小刘来，小王就算是高个子了。
(3) 比起生活在农村老家的亲戚来，我的生活水平算是不错了。

(4) 这个导演水平确实还可以,不过比起世界著名的导演还有差距。

2. 无比

【练习】用“无比”完成句子:

(1) 终于结束了风餐露宿的生活,重新回到了温暖舒适的家,他感到无比幸福。

(2) 作为一名教师,她无比热爱自己的工作。

(3) 这位科学家从小就聪颖无比,才智超群。

(4) 他的话威力无比,谁也不敢违抗。

3. 非凡

【练习】用“非凡”完成句子:

(1) 一到周末,这条街道就变得热闹非凡。

(2) 经过二十年的努力,这个省在经济上取得了非凡的成就。

(3) 他在当校学生会会长期间,便已表现出非凡的组织才能。

(4) 因为他取得了非凡的业绩,所以老板决定奖励他。

4. 动词1+了+动词2,动词2+了+动词1

【练习】用这种格式完成句子:

(1) 这对夫妻结了离,离了结,简直把婚姻当成了儿戏。

(2) 那位老人先买了一块地,然后便把这块地卖了。接着又买了更大的一块地,然后又卖掉了……就这样买了卖,卖了买,赚了不少钱。

(3) 他一手拿笔,一手拿酒杯,写了喝,喝了写,诗写完了,酒杯也空了。

(4) 我太累了,睡了醒,醒了又睡,一天就这样过去了。

5. 枚

【练习】参考上面有“枚”的词语完成句子:

(1) 颁奖嘉宾把一枚金牌挂在了冠军的胸前。

(2) 他从钱包里拿出一枚硬币,决定用抛硬币的方式来决定自己的去留。

(3) 昨天,联军又向这个地区发射了一枚导弹。

6. 一时

【练习】用"一时"完成下面的句子：

(1) 我一时忘了他的名字了。等一会儿我再问问别人。

(2) 第一次参加演讲比赛时，因为紧张，他一时想不起来要说的话了。

(3) 他很想戒烟，也采取了措施，但一时忍不住，又复吸了。

(4) 主任刚交给我一个活儿，一时做不完，你先走吧。

三、部分"综合练习"(见教材 p.151～156)参考答案

Ⅰ 词语练习

一、填入合适的名词

神奇的(水果)　匆匆的(脚步)　荒无人烟的(山野)

白雪皑皑的(山峰)　绿草如茵的(牧场)　白发苍苍的(老人)

寻找(宝藏)　怀着(梦想)　挑战(极限)

拜访(老师)　品尝(味道)　依赖(药品)

二、填入合适的量词或名词

耍了(个)小聪明　一(股)血柱　找不出一(块)像样的皮肤

一(根)拐杖　踏上一(块)平地　一(颗)心依然顽强跳动

一(滴)浑浊的老泪　一枚(鲜果)

三、填入合适的动词

耐心地(等待)　贪婪地(吸收)　毅然决然地(选择)

细细地(品尝)　吃力地(爬)　清晰地(表达)

四、写出下列词语的近义词或反义词

(一) 写出近义词

瘸——跛　奔波——奔走 / 奔忙

退缩——退却 / 畏缩　行囊——行李 / 行装

昔日——往日 / 以往 / 往昔　苍老——衰老

(二) 写出反义词

退缩——前进 / 进取　夕阳——朝阳

险峻——平坦 / 平缓　衰老——年轻 / 年青

非凡——平凡 / 普通　坎坷——平坦 / 顺利

五、选词填空

(一) 怀　迈　穿　翻　撕　潜　拔　闪

(二) 1. 过程　2. 险峻　3. 服从　4. 摸索

5. 探索　6. 历程　7. 屈服　8. 险恶

六、解释句子中画线词语的意思

1. B　2. B　3. A　4. C　5. C　6. B　7. A

七、选择正确的答案

1. A　2. B　3. A　4. C　5. B　6. A

7. C　8. B　9. B　10. C　11. B

八、选择下面的成语填空

1. 面面相觑　2. 神采奕奕　3. 死里逃生　4. 披荆斩棘

5. 吞吞吐吐　6. 风餐露宿　7. 面黄肌瘦　8. 茹毛饮血

Ⅱ课文理解练习

一、根据课文内容判断正误

1. √　2. ×　3. √　4. ×　5. ×　6. ×

7. ×　8. √　9. √　10. ×　11. ×

四、部分“阅读与理解”(见教材 p.158)参考答案

(一) 根据课文内容选择正确的答案

1. C　2. C　3. C　4. B　5. B

陆　文化知识点补充说明

成语“峰回路转”的来历

“峰回路转”的直接意思是：峰峦重叠环绕，山路蜿蜒曲折。形容山水名胜路径曲折复杂，也比喻经过挫折后出现转机。

这个成语来自宋代欧阳修的著名散文《醉翁亭记》。文章中有这么几句话：“山行六七里，渐闻水声潺潺而泻出于两峰之间者，让泉也。峰回路转，有亭翼然临于泉上者，醉翁亭也。”意思是：在山中走上六七里，慢慢能听到潺潺的流水声，原来是一股清泉从两座山峰之间倾泻而下，这就是让泉。走过重叠环绕的山峰和蜿蜒曲折的山

路,可以看到有一座亭子像翅膀一样驾临的在泉水之上,这就是醉翁亭。

柳宗元《江雪》

柳宗元(773—819),字子厚,河东(今山西永济县)人。唐代杰出的思想家、文学家。他的诗歌内容多抒发自己政治理想不能实现的悲愤抑郁和离乡去国的情思,取得了很高的成就。

《江雪》是柳宗元历来被传诵的名作。全诗只有短短的四句:“千山鸟飞绝,万径人踪灭。孤舟蓑笠翁,独钓寒江雪。”

开头两句:“千山鸟飞绝,万径人踪灭”描写雪景。“千山”、“万径”都是夸张的词语。山中本应有鸟,路上本应有人,但却“鸟飞绝”、“人踪灭”。诗人用飞鸟远遁、行人绝迹的景象渲染出一个荒凉寂寞的境界,虽未直接用“雪”字,但读者似乎已经见到了铺天盖地的大雪,已感觉到了凛冽逼人的寒气。这正是当时严酷的政治环境的折射。

三、四两句:“孤舟蓑笠翁,独钓寒江雪”,刻画了一个寒江独钓的渔翁形象。在漫天大雪,几乎没有任何生命的地方,有一条孤单的小船,船上有位渔翁,身披蓑衣,独自在大雪纷飞的江面上垂钓。这个渔翁的形象显然是诗人自身的写照,曲折地表达出诗人在政治改革失败后虽处境孤独,但顽强不屈、凛然无畏、傲岸清高的精神面貌,寄托了一种傲然独立,清竣高洁的人格理想。

我们可以看到,《江雪》一诗有着更深层的意蕴。诗人曾参与政治革新。改革失败后,受到排斥,被贬为永州司马。政治上的失意,内心的孤独,便通过环境描写反映出来。当时的政治环境就像诗中所写,是千里冰封,万里雪飘,环境非常恶劣。但诗人不屈服于压力,依然故我,坚持自己独立的人格。寒江中那位孤独寂寞,又抗寒傲雪,毅然垂钓的渔翁,正是作者在政治革新失败后孤独而又不屈的精神面貌的曲折写照。

第八课　随感二则

壹　背景材料

一、梁实秋(1903—1987),著名文学评论家、散文家、翻译家。学名梁治华,字实秋,一度以秋郎、子佳为笔名。生于北京。1915年考入清华学校,1923年赴美留学,研习英语和欧美文学;1926年回国,先后任教于东南大学、暨南大学、北京师范大学等校。1949年6月,抵达台湾,长期执教于台湾师范大学。

二、从1927年开始梁实秋以"秋郎"为笔名在上海《时事新报》"青光"副刊上发表杂感小品,直至1987年病逝,前后60年,出版有散文集《骂人的艺术》、《雅舍小品》、《雅舍散文》等20余种,并著有《英国文学史》以及《莎士比亚全集》的中译本等等。他给中国文坛留下了两千多万字的文字丰碑,他的散文集创造了中国现代散文著作出版的最高纪录。

三、梁实秋的散文趣味醇正,意蕴恬淡,内涵深远,以理节情,化俗为雅,熔性情、经验、学识于一炉,集雅人、达士、学者散文为一体,卓然独立,被公认为中国闲适派散文大家,20世纪华语世界的一代散文宗师。

贰 教学目标与步骤

一、教学目标

语 言	内 容	文 化
1. 理解并运用本课的重点词语（见“重点词语讲解”）。 2. 掌握词语辨析： （1）完美—完美—完备 （2）信赖—信任—相信 （3）回想—回忆 3. 掌握语言点： （1）只要……不愁…… （2）一味 （3）数词/几＋分 （4）照例 （5）予 （6）动词/形容词＋不得	1. 借助俗语来品味人情世态。 2. 通过课文了解作者的思想感情和创作风格。 3. 思考一下，这两句俗语在今天是否依然适用？	1. 了解关于中国俗语的知识及包含的文化内容。 2. 对比本国的俗语和中国的俗语，说出异同。

二、教学步骤

1. 导入。介绍课文内容及背景。
2. 词语 1～34。词语辨析 1。
3. 第一部分课文。注释 1～3。语言点 1～2。
4. 词语 35～77。词语辨析 2～3。
5. 第二部分课文。注释 4。语言点 3～6。
6. 做“综合练习”。
7. 阅读与理解。

三、建议课时：8 课时。

叁　词语教学

一、重点词语讲解(见教材 p.162～165)

(3) 出人头地

A. 作谓语:怎么才能～?

B. 作宾语:李明从小就渴望～。

C. 作定语:～的人、有～的一天。

D. 反义词:默默无闻。

(4) 顶尖

A. ～的＋名词(结构):～的服装设计师、达到了世界～水平、升到了～的位置、～的对话、～的杂志、～高手、～黑客、～品牌。

B. 反义词:平庸。

(6) 岗位

A. 作主语:这个～很能锻炼人。

B. 作宾语:热爱自己的工作～、坚守自己的～、离开领导～、安排其他～、竞争这个～。

C. 作定语:～责任制、～说明书、办公室～职责、～工资。

D. 扩展:上岗、下岗、换岗、查岗、离岗。

(9) 大王

名词/动词/形容词＋～:石油～、钢铁～、造纸～、故事～、笑话～、数学～、牛肉面～、迟到～、花钱～、迷糊～、邋遢～。

(13) 坎坷多舛

A. 作谓语:你看过的小说或电影里,哪位主人公的命运特别～?

B. 作定语:在人生的旅途中,难免会有～的阶段,那时你会怎么度过呢?

C. 反义词:一帆风顺。

(14) 投身

A. ～于……:～于环保公益事业、～于慈善活动。

B. ～到……：～到教育事业、～到救灾第一线、～到动漫这一行。

C. 扩展：投资、投票、投篮。

(16) 埋头

～十动词(结构)：～做事、～工作、～学习、～发展、～苦干、～赶路、～找机会、～大睡、～大吃。

(19) 唉声叹气

A. 作谓语：老张退休后，成天愁眉苦脸、～的。

B. 作定语：谁喜欢跟～的人在一起呢？

C. 作状语：玲玲～地离开了办公室。

(20) 谆谆

～十动词：～告诫、～教诲、～教导、～诱导。

(23) 用心

A. 居心，存心：看穿对手的险恶～、～良苦、别有～；他这么做，是什么～？

C. 集中注意力；多用心力：～告诫学生、～过日子、～体会其中的含义、～经营公司、～去做事。

(24) 安分守己

A. 作谓语：那个小伙子是不会～的。

B. 作定语：～的老百姓、～的学生。

C. 作状语：～地生活、～地工作、～地待在家里。

(25) 无可奈何

A. 作定语：～的事、～的样子、～的表情。

B. 作状语：～地说、～地笑了、～地离开了。

(28) 无上

A. 常用搭配：至高～的荣誉、感到～光荣、～的权力、～的幸福、～的享受。

B. 不能受程度副词修饰。

(32) 踪迹

A. 名词(结构)的+～:春天的～、人物成长的～、事物发展的～。

B. 动词+～:不见～、寻找～、发现～、查清～、追寻～。

C. 近义词:踪影。

D. 扩展:失踪、跟踪、无影无踪。

(33) 丝毫

A. ～(的)+名词:没有～的感情(进展 / 快乐 / 改变 / 影响 / 反应)、不能有～的怀疑、无～贡献。

B. ～+动词(结构):我们～不能放松。实力～不输上海队。他说得～不差。

(35) 嫌

A. 常用搭配:～别人太慢、～贫爱富、讨人～;内容不错,文字略～啰嗦。

B. 反义词:爱。

(42) 寸步不离

A. 做谓语:姐妹俩手拉着手,～。

B. 做状语:保镖～地跟着他。

(47) 就

常用搭配:～着灯看书、避难～易、避重～轻。

(55) 藉

A. 同"借":～酒装疯;～此机会,我向诸位表达一下诚挚的谢意。

B. 藉:多音字,还可读作 jí,如:一片狼藉、声名狼藉。

C. 注意不同于"书籍、国籍、籍贯"的"籍"。

(59) 心酸

A. ～(的)+名词:～事、～的往事、～的眼泪、～的滋味。

B. 动词+～:觉得～、感到～。

C. 近义词:伤感、伤心;反义词:高兴、快乐。

(60) 美誉

A. 动词+～：享有～、获得～、赢得～、得到～、追求～、爱惜～、恢复～、损坏～。

B. 近义词：美名；反义词：恶名。

(61) 享

常用搭配：～有盛名(美誉)、～福、～乐、～受、分～、坐～其成、～用不尽；有福同～，有难同当。

(62) 无独有偶

A. 含贬义。如：老王小气，老张吝啬，两个人可以说是～。

B. 近义词：成双成对；反义词：独一无二、举世无双。

(65) 照例

A. ～＋动词(结构)：春节～放假三天。吃完晚饭后，老俩口～一起去公园散步。见了老李，她～不打招呼就走过去了。

B. 近义词：照旧、照样。

(67) 安然

A. 平安：～无事、～抵达、～降落、～回家、～无恙。

B. 没有顾虑；很放心：心里不会～、～自若。

C. 近义词：安稳、平安。

(70) 侧面

A. 常用搭配：在房子的～、从～了解、从～进攻、搜集～和反面的材料。

B. 反义词：正面。

(71) 乃

书面语：《红楼梦》～一代奇书。失败～成功之母。

(73) 体面

A. 体统；身份：有失～。

B. 光荣；光彩：～的工作、不～的事。

C.（相貌或样子）好看；美丽：长得～、穿得～。

(75) 而已

陈述句+～。有把事情往小里说的意味。句中常有“只是、不过、只不过是、无非、仅仅”。如：

李先生只是随便说说～，你不必太在意。

那个小商贩只是想多赚几块钱～，他并不是什么坏人。

如此～，没有别的原因。

(76) 言过其实

A. 作谓语：这个人～，不可大用。

B. 作定语：～的人、～的言论。

C. 作状语：老李～地担保说百分之百没问题。

(77) 谬论

A. 动词+～：轻信～、发表～、反驳～、附和～、批判～、反对～。

B. 扩展：荒谬、谬误、谬种；差之毫厘，谬以千里。

二、词语辨析部分的异同归纳及补充练习（见教材 p.165～167）

1. 完满——完美——完备

◆ 相同之处：

	完满——完美——完备
1. 语义：	都有完整、齐全的意思。
2. 词性：	都是形容词。

◆ 相异之处：

	完　满	完　美	完　备
1. 语义侧重点：（见例 1、2、3）	着重在圆满，毫无疏漏。	着重在美好，毫无缺憾。褒义色彩比“完满”重。	着重在齐备。
2. 搭配（一）：（见例 4、5、6）	常用于工作、事情、问题等方面。	常用于形象、语言、结构、形式等方面。	常用于具体事物以及法律、手续、条件等抽象事物。

【练习】

① 那位跳水运动员(　　　)的动作赢得了满堂喝彩,裁判员们不约而同地都给了他全场最高分。

② 吸引李博士转入这个实验室的主要原因是他们的设备不仅(　　　),而且先进。

③ 昨天下午,全校运动会(　　　)地画下了句号。

④ 小娜的妈妈是一个(　　　)主义者,小娜已经习惯被挑剔来挑剔去了。

2. 信赖——信任——相信

◆ 相同之处:

	信赖——信任——相信
1. 语义:	都有不怀疑的意思。
2. 词性:	都是动词。
3. 搭配:	都可用于人和组织。

◆ 相异之处:

	信赖	信任	相信
1. 语义侧重点:(见例1、2、3)	强调可以依靠,多指弱者对强者。	侧重在敢于托付、任用。	侧重在认为正确或确实。
2. 搭配(一):(见例4、5、6)	可用于事物。	不可用于事物。	可用于事物。
3. 搭配(二):(见例7)	一般不用于自己。	一般不用于自己。	可用于别人,也可用于自己。
4. 搭配(三):(见例8)	只能带名词性宾语。	只能带名词性宾语。	可以带非名词性宾语。

【练习】

① (　　　)自己的人才能成功。

② 领导把这项重任交给了你,你可不能辜负了领导的(　　　),得好好干啊!

③ 蔡大勇骗来骗去,结果完全失去了朋友的(　　　)。

④ 没有人(　　　)那个骗子所说的一切。

⑤ 这次的检查结果是可以(　　　)的吗?

3. 回想——回忆

◈ 相同之处：

	回想　　回忆
1. 语义：	都指想过去的事。
2. 词性：	都是动词。

◈ 相异之处：

	回　想	回　忆
1. 语义：（见例1、2、3）	指一般平常的、较随意的想到过去的事情，意思较轻。	侧重在“忆”，指有意识地使过去的事重新浮现脑中的思想活动，意思较重。
2. 词性：	没有名词的用法。	还可以是名词，能受“甜蜜”“痛苦”“幸福”等修饰，能作“引起”“陷入”“留下”“唤起”等动词的宾语。

【练习】

① 你为什么总是让自己生活在（　　）之中呢？为什么不活在现在呢？

② 拿起梁实秋的书，他不由得（　　）起买书的情景。

③ 最近吃饭的时候，我常常（　　）起小时候跟家人一起吃饭的生活片断。

④ 那次不幸的经历给姐姐留下了痛苦的（　　）。

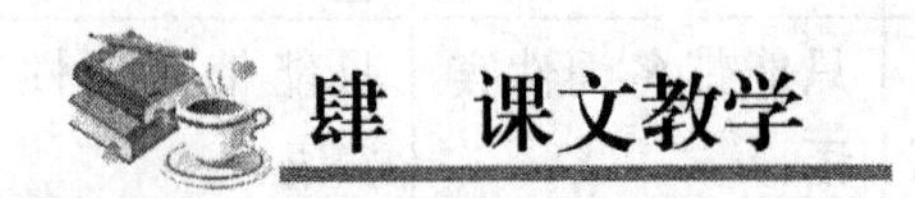

肆　课文教学

一、课文教学说明（课文见教材 p.159～161）

1. 关于文体：两篇都是以议论为主的散文。

2. 关于内容：把中国的俗语文化和洞察人生百态结合起来，旁征博引，融合了文人散文与学者散文的特点。

3. 关于语言：文笔机智精巧，语言幽默，追求“绚烂之极趋于平淡”的艺术境界及文调雅洁与感情渗入的有机统一。

二、课文内容提问

1. “三百六十行，行行出状元”这句俗语是什么意思？
2. 作者认为所有的职业都是平等的吗？你是否同意他的看法？
3. “这山望着那山高”说的是什么样的人？
4. “只看见和尚吃馒头，没看见和尚受戒”是什么意思？
5. 为什么应该“干一行，爱一行”？
6. 作者认为狗是什么样的动物？为什么？
7. 在儿女的眼光里，母亲应该是什么样的人？
8. 《乌鸦歌》有什么样的劝勉意义？
9. “心酸”是什么样的感觉？为什么听到“母亲从前喂过我”会觉得“心酸”？
10. “子不嫌母丑，对越来越多的人有变为谬论的可能”这句话的意思是什么？作者举了什么例子？

三、教学活动建议

1. 让学生课前搜集常用俗语，上课时交流。
2. 分组讨论，一组一个问题，然后进行总结：
   A. 各种行业里，你对哪些行业有兴趣？
   B. 什么样的人会“吃一行，恨一行”？
   C. 你认为子嫌母丑的人会越来越多吗？为什么？
   D. 介绍一句你最喜欢的俗话。

伍　参考答案

一、词语辨析部分补充练习(见使用手册 p.124～126)参考答案

1. 完满——完美——完备
   ① 完美　② 完备　③ 完满　④ 完美
2. 信赖——信任——相信
   ① 相信　② 信任　③ 信任　④ 相信　⑤ 信赖 / 相信
3. 回想——回忆
   ① 回忆　② 回想　③ 回想　④ 回忆

二、语言点练习(见教材 p.167～170)参考答案

1. 只要……不愁……

【练习】用"只要 X,(就)不愁 Y" 完成句子:

(1) 只要有能力,不愁找不到工作。

(2) 只要真心对待别人,不愁没有朋友。

(3) 只要每天坚持学习,不愁学不好汉语。

(4) 只要"吃一行,爱一行",不愁干不好。

2. 一味

【练习】用"一味" 完成句子:

(1) 我们应该有自己的特色,不能一味地模仿别人。

(2) 下属有了错误,不能一味地责备,应该想办法帮助他 / 她。

(3) 他一味地固执己见,谁的意见都听不进去。

(4) 由于一味追求数量,结果产品质量成了问题。

3. 分

【练习】用上面的例子填空:

(1) 一分耕耘,一分收获,不付出代价,哪能成功?

(2) 当众出丑,他难免有几分尴尬。

(3) 那位老人有一分热,发一分光,一退休便当起了义务交通管理员。

(4) 在这几位世界冠军身上,我们看到了几分相似之处。

(5) 人们对这位领导人的评价是:七分功劳,三分过失。

(6) 几个村民在山洞里看到了他,这时他已经在洞里住了七八年了,只见他三分像人,七分像鬼,把那几个村民吓了一跳。

4. 照例

【练习】用"照例" 完成句子:

(1) 今天是星期六,弟弟照例呆在家里玩电脑游戏。

(2) 下课以后,我照例去图书馆翻看杂志。

(3) 新年的时候,我们全家照例聚在一起,一边包饺子一边聊天。

(4) 考完试以后,我照例睡了一天一夜。

5. 予

【练习】用"予"的肯定式或否定式选词填空：

(1) 专家们对这部专著(给予)了高度的评价。
(2) 老师对自己的学生(寄予)了极大的希望。
(3) 北京大学将(授予)他博士学位。
(4) 我想请假一周,(请予)批准。
(5) 他在门口等了半天,想见总经理,秘书也(不予)通报。
(6) 考虑到这个学生后半学期表现良好,希望学校能(免予)处分。
(7) 幸福不是谁(赐予)的,而是自己创造的。
(8) 该生成绩合格,(准予)毕业。
(9) 签证到底能不能批准,大使馆到现在还(不予)答复。

6. 不得

【练习】选用上面的词语填空：

(1) 他被绑在椅子上,动弹不得。
(2) 老虎屁股摸不得,办公室里谁也不敢批评他。
(3) 做实验的时候马虎不得。
(4) 这样虐待父母实在要不得。
(5) 远水救不得近火,你来也没有用。
(6) 这么小的孩子居然会唱这么多爱情歌曲,我们都哭笑不得。

三、部分"综合练习"(见教材 p.171～176)参考答案

Ⅰ 词语练习

一、填入合适的名词

顶尖的(技术)	埋(头)苦干	劝勉(大家)
教导(学生)	拄(拐杖)	一分(收获)
信赖(朋友)	失去(信心)	人之常(情)

二、填入合适的动词

(离开)岗位	谆谆(教导)	(享受)乐趣
(寻找)踪迹	(讲)义气	(丧失)人性

三、填入合适的量词

一(碗)馄饨	一(分)义气	一(只)乌鸦

四、写出下列词语的近义词或反义词

（一）写出近义词

困苦——贫苦/艰苦	行当——行业
完满——圆满	踪迹——踪影
信赖——信任	回想——回忆

（二）写出反义词

恨意——爱意	嫌——爱
贫——富	侧面——正面
心酸——甜蜜	言过其实——恰如其分

五、选词填空

（一）1. 教导　2. 敬业　3. 状元、无上、丝毫　4. 用心
5. 踪迹　6. 领先、美誉　7. 义气　8. 体面
9. 谬论　10. 安然

（二）1. 回忆　2. 相信　3. 完满　4. 信任
5. 完备　6. 信赖　7. 完美　8. 回想

六、解释句中画线词语的意思

1. B　2. A　3. B　4. C　5. B　6. A
7. A　8. C　9. A　10. A　11. A　12. C

七、选择正确的答案

1. C　2. C　3. B　4. A　5. B　6. C　7. A

八、选择下面的成语填空，并模仿造句

1. 唉声叹气　2. 言过其实　3. 出人头地　4. 无独有偶
5. 寸步不离　6. 安分守己　7. 无可奈何
造句略

Ⅱ课文理解练习

一、根据课文内容判断正误

1. ×　2. ×　3. √　4. √　5. √
6. √　7. √　8. √　9. ×　10. √

四、部分“阅读与理解”(见教材 p.179～180)参考答案

（一）根据文章内容选择正确答案

1. A　2. C　3. A　4. B　5. C　6. C　7. B　8. B

陆　文化知识点补充说明

俗　语

俗语也叫俗话、俗言，是通俗并广泛流行于民间的定型的语句，简练而形象化，大多数是劳动人民创造出来的，反映人民生活经验和愿望，带有一定的方言性，包括谚语、俚语、惯用语等。

俗语和成语都是汉语中的约定俗成的语言形式，它们各有特点。俗语多为完整的句子，长短不一，运用时可以变通；成语多为四个字的稳定结构，形式整齐。俗语流行于人民群众的口头上，文字上保持着通俗的特点；成语多用作书面语，文字上趋向典雅。试比较：

俗语	成语
大鱼吃小鱼，小鱼吃虾米	弱肉强食
捡了芝麻，丢了西瓜	因小失大

俗语举例：

1. 不怕不识货，就怕货比货
2. 不听老人言，吃亏在眼前
3. 不养儿不知父母恩
4. 车到山前必有路
5. 船到桥头自然直
6. 吃着碗里的，望着锅里的
7. 聪明一世，糊涂一时
8. 打开天窗说亮话
9. 打破砂锅问到底
10. 打肿脸充胖子
11. 刀子嘴，豆腐心
12. 害人之心不可有，防人之心不可无

第九课　人生就是与困境周旋

壹　背景材料

一、作者史铁生，1951年生于北京，1967年毕业于清华附中初中，1969年去延安地区插队落户，1972年因双腿瘫痪回北京，在街道工厂工作，后停薪留职，回家养病。

二、1979年史铁生发表第一篇小说《法学教授及其夫人》，以后陆续发表了《午餐半小时》、《我们的角落》、《在一个冬天的晚上》、《山顶上的传说》等多篇小说。其中《我的遥远的清平湾》和《奶奶的星星》分别获得1983年和1984年全国优秀短篇小说奖。现为中国作家协会会员。

三、在中国当代作家中，史铁生的诸如《我与地坛》一类的思想随笔及"散文化"作品独树一帜。他擅长从现实的琐事里撷取闪烁着思想光芒的片段，风格清新、温馨，平淡而拙朴，意蕴深沉，富有哲理。其通过切身经历对人生价值进行的探索凝聚了一个文学家提炼的人生智慧。

贰　教学目标与步骤

一、教学目标

语　言	内　容	文　化
1. 理解并运用本课的重点词语（见"重点词语讲解"）。 2. 掌握词语辨析： （1）坦诚—坦然 （2）漂泊—漂流 （3）孤独—孤单 （4）最终—最后	1. 通过课文感受到命运是怎样无常地折磨一个凡人，而人们怎样不懈地和人生的困境周旋，从而变得不同凡响。 2. 了解疾病对作者的人生观的影响。	1. 了解围棋。 2. 了解普通中国人对死亡的认识。

续表

(5) 永恒—永远 (6) 恐慌—惊慌 (7) 恐慌—恐怖 (8) 强行—强制 3. 掌握语言点: (1) 难免 (2) 岂 (3) ……之极 (4) 无非 (5) 从中 (6) 交加	3. 思考作者是怎样看待疾病和困境的?他的态度对我们有什么启发?	

二、教学步骤

1. 导入。介绍课文内容及背景。
2. 词语 1～21。词语辨析 1。
3. 第一部分课文(困境不可能被消灭)。注释 1。语言点 1～2。
4. 词语 22～58。词语辨析 2～5。
5. 第二部分课文(与人交流达到新境界)。语言点 3～4。
6. 词语 59～79。词语辨析 6、7。
7. 第三部分课文(我敬重我的病)。语言点 5。
8. 词语 80～95。词语辨析 8。
9. 第四部分课文(爱需要自己去建立)。语言点 6。
10. 做"综合练习"。
11. 阅读与理解。

三、建议课时:8 课时。

叁　词语教学

一、重点词语讲解(见教材 p.185～188)

(1) 困境

A. 动词 +～:陷入～、走出～、克服～、战胜～、遇到～、脱离～、处于～。

B. 名词(动词)+的+～:经济的～、失业的～、外交的～、老病的～、人口的～、经营的～、政治家的～、面临的～、遇到的～。

C. 近义词:逆境;反义词:顺境。

(2) 周旋

A. 回旋;盘旋:在空中～、～在人间。

B. 交际应酬;打交道:成天跟人～、与客人们～、～于婆媳之间、～于两个女人之间、～于学习和网络之间、巧妙～。

C. 与敌人较量,相机进退:与困境～、与敌人～、与警察～。

(6) 与生俱来

A. 作定语:～的本领、～的能力、～的权利、～的财富。

B. 作宾语:人类的语言能力是～的。这份寂寞似乎是～的。

(10) 浩瀚无边

A. 作定语:～的宇宙、～的太空、～的夜空、～的海洋、～的土地、～的原始森林。

B. 作宾语:知识的海洋是～的。

C. 近义词:浩瀚无垠。

(11) 指望

A. 动词,一心期待;盼望:～儿子考上一所好大学。不～他了。

B. ～儿(zhǐwangr),名词,所盼望的;盼头:还有～、没～。

(12) 一蹴而就

A. 也作"一蹴而得"。

B. 作谓语:解决核武器问题不能～。股市全面复苏不会～。胜利不能～,必须打持久战。

(16) 触动

A. 碰;撞:～了什么东西。

B. 冲撞;触犯:～现行体制、～了当权者的利益。

C. 因某种刺激而引起(感情变化、回忆等):这番话～了妈妈的心事。

(19) 开端

A. 形容词 + 的 +～:新的～、良好的～。

B. 名词 + 的 +～:故事的～、文章的～、一天的～、人生的～、人类文明的～。

C. 动词 +～:把握～、引起～、抓住～、回忆～。

D. 近义词:开始、开头;反义词:结尾、结束。

(22) 境界

A. 名词 +～:思想～、艺术～、人生～。

B. 形容词 + 的 +～:新～、最高的～、理想的～。

C. 动词 +～:达到～、追求～、进入～、提高～。

(23) 宣泄

A. 使积水流出去:内涝是由于雨水无法及时～出去造成的。

B. 舒散;吐露(心中的积郁):～情感、～情绪、～不满、～方式、～途径、～器材、～一番。

C. 泄露:～机密。

(24) 倾听

A. ～＋名词(结构):～大自然的声音、～海浪的声音、～他的心声、～员工的意见、～民声。

B. 副词(地)+～:积极地～、耐心地～、静静地～、侧耳～。

C. 动词 + ～:学会～、值得～。

D. ～的＋名词:～的能力、～的艺术、～的技巧。

(34) 老掉牙

A. 作谓语:资料都～了,怎么不更新呢?

B. 作定语:一件～的事情、一本～的书、几辆～的车、～的话题、～的故事、～的歌曲、～的游戏、～的问题、～的情节。

C. 近义词:过时;反义词:新颖、时髦。

(37) 不俗

A. 名词＋～:表现～、成绩～、才智～、价格～、内容～、质量～。

B. ～的＋名词:～的名字、～的成绩、～的女子、～的品味、～的表现、~的实力、~的印象。

C. 近义词:出色;反义词:平庸。

(38) 白头偕老

A. 作谓语:要和你~、一定能~。

B. 作宾语:祝你们永结同心、~!

C. 作定语:~的爱情、~的婚姻。

(39) 不同凡响

A. 作谓语:效果~、意义~、魅力~、生来就~、果然~。

B. 作定语:~的人生、~的节目、~的一天、~的作品、~的设计。

C. 反义词:平平常常、普普通通、平平庸庸。

(41) 不落俗套

A. 作谓语:这件礼服~。他的演讲~。作品结构新颖、~。

B. 作定语:~的模式、~的想象、~的构思、~的作品、~的打扮。

C. 反义词:俗不可耐。

(43) 日复一日

A. 作状语:~地生活、~地辛勤工作、~地等待、~地经受这种痛苦。

B. 她等啊等啊,谁知~,毫无消息。

你家虽然有钱,但也不应浪费。~,钱总有花完的时候。

C. 扩展:年复一年。

(50) 生气勃勃

A. 作谓语:沿途的松树郁郁苍苍,~,傲然屹立。

B. 作宾语:那些孩子无论什么时候,总是~的。

C. 作定语:~的样子、~的状态、~的年轻人、~的校园、~的春天。

D. 作补语:他一来这里顿时变得~。

E. 近义词:生机勃勃、朝气蓬勃;反义词:死气沉沉、暮气沉沉。

(52) 抵挡

A. 常用搭配:~寒风、~风雨、~沙尘暴、用盾牌~投掷的石块、~睡意、无法~的美味、无法~的诱惑、~不了、~不住、不可~、难以～。

B. 近义词：抵抗、抗拒。

(58) 降临

A. 名词＋～：诸神～、天使～、黑暗～、夜色～、夜幕～、瑞雪～、幸运～、灾难～、孩子～。

B. ～＋名词：～人间、～世界、～大地、～城市、～家庭。

C. 近义词：来临；反义词：离去。

(68) 增添

A. ～＋名词：～绿色、～动力、～活力、～魅力、～光彩、～浪漫情调、～无限乐趣、～欢乐时尚元素、～新功能。

B. 副词＋～：不断～、连续～、继续～、迅速～、突然～、大量～。

C. 近义词：增加；反义词：减少。

(69) 明摆着

A. 作宾语：原因是～的。这不是～了嘛。

B. 作状语：他～喜欢小洁啊！这两件衣服～是一样的。

(72) 狰狞

A. 民间传说中的一种异兽。

B. 常用搭配：露出～的面目、～的笑容、～的脸、一脸～、面目～可畏。

C. 近义词：凶恶、凶残；反义词：和善、慈祥。

(73) 面目

A. 面貌：～狰狞、～可憎、政治～、揭开真实～、不见庐山真～、～全非、～难辨、～模糊。

B. 面子；脸面：有何～见家乡父老？

(77) 借助

～＋名词(结构)＋动词(结构)：～外界力量取得成功、～幽默的力量化解矛盾、～电影推广文化、～于奥运会向全球展示自己“全球化品牌”的新形象、～网络营销创造世界品牌、～摄像头进行视屏聊天。

(81) 牛角尖

A. 动词+～:钻～、进了～、处于～、走出～。

B. 近义词:死胡同。

(82) 别有洞天

A. 作谓语:商场里～。网络世界～。进去一看,～。

B. 作定语:～的儿童乐园、～的旅游景点。

(89) 付出

A. ～+名词:～现款、～一切、～感情、～心血、～劳动、～代价、～爱心、～热情、～时间、～精力、～努力。

B. 近义词:献出;反义词:得到、索取。

(94) 顺眼

A. 常用搭配:看得～、看什么都～、看着～多了、看他不～、越看越(不)～。

B. 反义词:碍眼。

二、词语辨析部分的异同归纳及补充练习(见教材 p.189～193)

1. 坦诚——坦然

◆ 相同之处:

	坦 诚　　坦 然
1. 语义:(见例1、2、)	都有心里坦白、平静的意思。
2. 词性:	都是形容词。

◆ 相异之处:

	坦 诚	坦 然
1. 搭配(一):(见例3、4、5、6)	常用于人与人之间的关系和人的品德。	常用于人的表情和心境。
2. 重叠:	不能重叠。	可以重叠为“坦坦然然”。

【练习】

① 对待朋友,王杰总是十分(　　　　)。

② 面对诬陷，张局长(　　　)无惧。
③ 做了这么多坏事，他居然还能有如此(　　　)的神情，真让人气愤。
④ 谈判双方进行了(　　　)的交流。

2. 漂泊—漂流

◆ 相同之处：

	漂 泊　　漂 流
1. 语义：（见例 1、2）	都有生活不定，四处奔波流浪和在水上漂动的意思。
2. 词性：	都是动词。

◆ 相异之处：

	漂 泊	漂 流
1. 语义：（见例 3、4、5）	侧重在表现因生活所迫而四处奔走。	侧重表现随着水流方向漂动，有时还专指顺着江河而下的探险。
2. 搭配（一）：（见例 6）	不能跟表示处所的词语。	可以跟表示处所的词语。

【练习】
① 弟弟梦想着有一天能在长江上(　　　)。
② 小宋飞自从离家出走以后，就四处(　　　)，居无定所。
③ 老人大半辈子(　　　)异乡，心里却从未忘记故乡。
④ 那条小船顺水(　　　)而下，一直到了南京。

3. 孤独——孤单

◆ 相同之处：

	孤 独　　孤 单
1. 语义：	都有单独一个人，没有依靠的意思。
2. 词性：	都是形容词。

◆ 相异之处：

	孤 独	孤 单
1. 语义：（见例 1、2）	侧重于心理感受，表示与他人缺少感情上的联系和沟通。	侧重于客观上的状况，表示孤身一人，没有依靠。
2. 语义（二）：（见例 3）	没有力量单薄的意思。	还有力量单薄的意思。
3. 重叠：（见例 4）	不能重叠。	重叠成“孤单单”和“孤孤单单”。

【练习】

① 虽然生活在一个大家庭里，可是小文依然摆脱不了(　　　)的感觉。
② 因为力量(　　　)，老赵最终不敌对手，失败了。
③ 小米一个人踏上了(　　　)的旅程，可是，她每天都给家人朋友打电话，所以心里并不觉得(　　　)。

4. 最终——最后

◆ 相同之处：

	最 终　　最 后
1. 语义：	都是指时间上晚，或顺序上在后面。

◆ 相异之处：

	最 终	最 后
1. 词性：	形容词和副词。	名词。

【练习】

① 姐姐的名字出现在了(　　　)确认名单上。
② 在这份名单的(　　　)一页，姐姐找到了自己的名字。
③ 这次比赛，爷爷(　　　)一个到达终点。
④ 安全部门公布了这次事故的(　　　)调查报告。

5. 永恒——永远

◆ 相同之处：

	永　恒　　永　远
1. 语义：	都表示时间长久，没有尽头的意思。

◆ 相异之处：

	永　恒	永　远
1. 词性：（见例1、2、3、4）	形容词。	副词。
3. 重叠：（见例5）	不能重叠。	可重叠为“永永远远”。
4. 语体：	常用于书面语。	口语、书面语都可以用。

【练习】

① 在大自然中，艺术家们总能发现(　　　)的美。

② 在孩子的眼里，妈妈(　　　)是美丽的。

③ 古往今来，人们一直在努力寻找(　　　)的精神家园。

④ 人们(　　　)不会放弃对爱的追求。

6. 恐慌——惊慌

◆ 相同之处：

	恐　慌　　惊　慌
1. 语义：	都有紧张不安的意思。
2. 词性：	都是形容词。

◆ 相异之处：

	恐　慌	惊　慌
1. 语义侧重点：（见例1、2）	侧重于表示因为害怕而慌张，语义比“惊慌”重。	侧重于表示因为受到惊吓而慌张。
2. 词性：（见例3、4、5）	还有名词的用法。	没有名词的用法。

【练习】

① 房子突然震动了一下！屋子里的人全都流露出(　　　)的表情。

② 地震发生时，不要(　　　)，要镇定地想办法应对。
③ 石油价格迅速上涨是否会产生经济(　　　)？
④ 故意在人群中制造(　　　)是很可恶的。

7. 恐慌——恐怖

◆ 相同之处：

	恐慌　　恐怖
1. 语义：	都有紧张害怕的意思。都可形容人的心理、表情。
2. 词性：	都是形容词。

◆ 相异之处：

	恐慌	恐怖
1. 语义侧重点：（见例 1）	形容因危险而引起的害怕，语义较轻。	形容由于生命受到威胁而引起的害怕，语义较重。
2. 搭配（一）：（见例 2、3）	不能与令人害怕的环境等客观事物搭配。	可以与令人害怕的环境等客观事物搭配。
3. 搭配（二）：	不构成特殊的四字词语。	能构成“恐怖主义”、“恐怖分子”、“恐怖活动”、“恐怖袭击”、“恐怖事件”、“恐怖电影”、“恐怖小说”等词语。

【练习】
① 我晚上看了一场(　　　)电影，结果就做了一个噩梦。
② 那些(　　　)分子在世界各地大搞(　　　)活动，引起了人们的(　　　)。

8. 强行——强制

◆ 相同之处：

	强行　　强制
1. 语义：（见例 1）	都有使用强力做某事的意思。

◈ **相异之处：**

	强　行	强　制
1. 词性：	副词。	动词。
2. 搭配（一）：（见例2、3、4、5、）	一般是主语所代表的人发出的动作。	“强制”的对象是主语以外的人。
3. 搭配（二）：（见例6、7、8）	实施动作的不限于国家、政府、组织、地位高的人等。	多指用政治、法律、经济、权势等力量强迫对方做某事，实施动作的常常是国家、政府、组织、地位高的人等。
4. 语体：	常用于书面语。	口语、书面语都可以用。

【练习】

① 几个偷渡者试图(　　　)通过国境。

② 一些父母(　　　)孩子学乐器，结果导致孩子痛恨乐器。

③ 最后，他被人(　　　)送入了精神病院。

④ 据中央电视台消息，塑料购物袋国家强制性标准 2008 年 5 月 1 日正式发布，标准从 2008 年 6 月 1 日起将(　　　)执行。

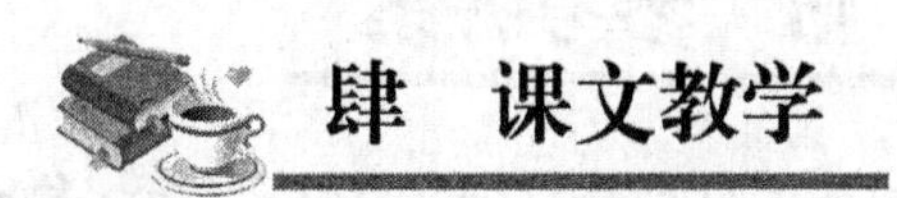

肆　课文教学

一、课文教学说明(课文见教材 p.181～184)

1. 关于文体：本文是一篇思想随笔。

2. 关于内容：作者像与朋友坐着聊天一样，非常诚恳地探讨了以下几个问题：人生困境能否被消灭、如何达到新境界、如何与疾病相处、如何建立爱等。

3. 关于语言：虽然内容是人生困境、死亡等艰深的哲学问题，但作者用一种平实的语言谈心一般地娓娓道来，避免了枯燥。

二、课文内容提问

1. 艰难、苦恼、困惑和生命是什么样的地方？
2. 为什么作者认为《小号手的故事》的结尾令这个故事不同凡响？
3. 怎样可以从困境中进入新境界？为什么说是“新境界”？
4. 什么是根本的救助？
5. 你知道别的与困境周旋的故事吗？

6. 为什么作者会敬重自己的病？
7. 作者是怎么看待死亡的？
8. “走出牛角尖”是什么意思？什么样的人容易“钻牛角尖”？
9. 为什么说地狱和天堂都在人间？
10. 为什么说“爱或者友谊不是一种熟食”？

三、教学活动建议

1. 提前布置学生回去找一个心理问题的案例，上课时进行讨论。
2. 分组讨论，一组一个问题，然后进行总结：
   A. 如果你周围的人出现心理问题，你会怎么办？
   B. 你有什么“在自己的人生过程中注满好心情”的好建议吗？
   C. 你想不想当心理咨询师？为什么？
   D. 在你的国家，心理健康问题是否得到足够的关注？政府和社会机构有哪些措施？

伍　参考答案

一、词语辨析部分补充练习(见使用手册 p.138～143)参考答案

1. 坦诚——坦然
   ① 坦诚　② 坦然　③ 坦然　④ 坦诚
2. 漂泊——漂流
   ① 漂流　② 漂泊　③ 漂泊　④ 漂流
3. 孤独——孤单
   ① 孤单 / 孤独　② 孤单　③ 孤单 / 孤独
4. 最终——最后
   ① 最终　② 最后　③ 最后　④ 最终
5. 永恒——永远
   ① 永恒　② 永远　③ 永恒　④ 永远
6. 恐慌——惊慌
   ① 恐慌 / 惊慌　② 恐慌 / 惊慌　③ 恐慌　④ 恐慌
7. 恐慌——恐怖
   ① 恐怖　② 恐怖 / 恐怖 / 恐慌

8. 强行——强制

①强行　②强制　③强行　④强制

二、语言点练习(见教材 p.194～197)参考答案

1. 难免

【练习】用"难免"、"未免"、"不免"完成句子和对话：

(1) 这个世界上没有十全十美的人,每个人都会有缺点。
(这个世界上没有十全十美的人,每个人都难免会有缺点。)

(2) A：最近我和我的好朋友吵架了,心情很不好,觉得生活没有意思。
B：朋友之间难免会有争吵,过两天你们再谈谈,把自己的想法心平气和地说出来,问题没准儿就解决了。

(3) 看到别人在排队可还加塞儿,未免太不自觉了。

(4) 我对中国的书法特别感兴趣,每次看到好的作品,都不免有些激动。

2. 岂

【练习】用"岂"改写或完成句子和对话：

(1) 我已经学了两年汉语,并且达到了一定的水平,怎么能轻易放弃呢？
(我已经学了两年汉语,并且达到了一定的水平,岂能轻易放弃？)

(2) 他既是我的老师,又是我的长辈,我岂能不去拜访他？

(3) 要是为了发展经济而破坏了环境,岂不是因小失大/得不偿失？

(4) A：最近我的电脑老是被黑客侵入,搞得乱七八糟,气死我了。我打算以后再也不上网了。
B：把电脑装上杀毒软件、防火墙,这样做岂不是更好？

3. 之极

【练习】用"形容词＋之极"改写或完成句子和对话：

(1) 这个假期我又旅游,又读书,又逛街,又休息,过得非常愉快。
(这个假期我又旅游,又读书,又逛街,又休息,愉快之极。)

(2) 我曾经去过他们家，又大又漂亮，豪华之极。

(3) A：你的老家自然风景怎么样？有什么特色吗？

B：我的老家山清水秀，漂亮之极。

(4) A：你知道在这个城市里，什么地方的东西又便宜又好？

B：我知道动物园附近有一些市场，东西便宜之极，可是质量就不好说了。

4. 无非

【练习】用“无非”完成句子：

(1) 学外语的困难，无非是听不懂、说不出来，还有就是记不住。

(2) 提起北京的名胜古迹，一般人想到的无非是长城、故宫、颐和园什么的，其实，北京好玩儿的地方多着呢。

(3) 刚到中国的那段时间，由于语言不通，他每天吃的中国菜无非是宫保鸡丁、麻婆豆腐而已。

(4) 每次跟妈妈通电话，内容都差不多，无非是身体怎么样、学习怎么样而已。

(5) 这两套房子差不多，无非是最普通的客厅、卧室、厨房罢了，为什么租金差别这么大？

5. 从中

【练习】用“从中”改写或完成句子和对话：

(1) 两家公司因为生意发生了一些纠纷，律师在其中进行调解后，问题解决了。

(两家公司因为生意发生了一些纠纷，律师从中进行调解后，问题解决了。)

(2) 我给你推荐一本非常有意思的书，你可以从中知道中国不同地方的特点。

(3) 小李上的是师范大学，在毕业之前，他参加了三个月的中学教学实习，从中学到了很多课本上学不到的东西。

(4) A：他们俩恋爱好几年了，感情很深，怎么会突然分手呢？

B：我听说是因为有人从中捣乱，两个人出现了误会，结果就分手了。

6. 交加

【练习】用上面所举的例子改写或完成句子和对话：

(1) 那天晚上又打雷又闪电的，声音特别大，把家里的小狗吓得够呛。
(那天晚上雷电交加，声音特别大，把家里的小狗吓得够呛。)

(2) 他现在的处境不太好，可以说是贫困交加/贫病交加。

(3) A：你现在想起以前的男朋友是什么感觉？
B：只能用四个字来形容：爱恨交加。

(4) A：在你的人生当中，什么事情是让你最难忘的？
B：收到大学录取通知书的那一刻，我们全家惊喜交加，我永远忘不了那一天。

三、部分“综合练习”(见教材 p.198～202)参考答案

Ⅰ词语练习

一、填入合适的名词

苦恼的(考生)　困惑的(时期)　坦诚的(态度)
过时的(款式)　孤独的(富翁)　凄婉的(音乐)
不俗的(成绩)　凄凉的(一生)　永恒的(爱情)
敞开(心扉)　指望(别人)　改换(方法)
封闭(自己)　宣泄(情绪)　增添(麻烦)

二、填入合适的动词

坦诚地(交流)　恐慌地(逃跑)　孤独地(生活)
哀伤地(诉说)　默默地(倾听)　欢快地(演奏)
(追求)境界　(冲破)障碍　(展示)才智
(成为)高手　(逃避)困境　(相信)童话

三、填入合适的形容词或副词

(美丽)的心灵　(哀伤)的结尾　(神秘)的身世
(强劲)的对手　(可憎)的面目　(良好)的开端
(仔细)地倾听　(默默)地陪伴　(开心)地接纳
(认真)地付出　(大胆)地宣泄　(迅速)地逃避

四、写出下列词语的近义词和反义词

(一) 写出近义词

嘹亮——响亮　逃避——躲避　恐慌——惊慌
哀伤——悲伤　接纳——接受　敬重——尊重

宣泄——发泄　困境——逆境　指望——盼望

（二）写出反义词

嘹亮——低沉　结尾——开头　顺眼——碍眼
熟食——生品　地狱——天堂　付出——得到
增添——减少　后者——前者　过时——时髦
封闭——敞开　生气勃勃——死气沉沉
不同凡响——普普通通

五、选词填空

1. 坦诚　2. 漂流　3. 迷惑　4. 孤独 / 孤单　5. 永远
6. 恐慌　7. 恐怖　8. 困惑　9. 最后　10. 坦然
11. 最终　12. 惊慌　13. 强制　14. 孤单　15. 强行
16. 永恒　17. 漂泊

六、解释句中画线词语的意思

1. A　2. C　3. B　4. A　5. C　6. B　7. A

七、用下列词语填空，并模仿造句

1. 生气勃勃　2. 不落俗套　3. 白头偕老　4. 浩瀚无边　5. 与生俱来
6. 一蹴而就　7. 不同凡响　8. 日复一日　9. 别有洞天
造句略

Ⅱ 课文理解练习

一、根据课文内容判断正误

1. √　2. ×　3. √　4. ×　5. √　6. √
7. ×　8. ×　9. √　10. ×　11. √　12. √
13. ×　14. √　15. √　16. √

四、部分“阅读与理解”（见教材 p.205～206）参考答案

（一）根据上面的文章选择正确的答案

1. B　2. A　3. C　4. B　5. C　6. B　7. B　8. B

陆 文化知识点补充说明

浅说围棋

琴棋书画，是中国古代的四大艺术。其中的棋，说的就是围棋。

围棋是中国的传统棋种，早在春秋战国时期就广为流传，现在依然受到人们的喜爱。

中国的围棋人口有数千万之多，而且有明显上升的趋势。但职业棋手(也称“专业棋手”)只有二百人左右，绝大部分人都是“业余棋手”。

在中国、日本、韩国以及欧美的围棋界里，现在都实行“段位制度”和“级位制度”来衡量棋手棋艺水平。中国的专业段位共分九个等级，依实力的高低从九段排至一段，九段为最高。一段也叫初段。获得初段的称号，说明棋艺达到一定的水平。

除专业段位外还有业余段位，业余段位是按照业余棋手的棋力水平所评定的等级。目前中国最高业余段位为六段。和专业段位相比，同等级的业余段位棋手艺水平低很多。据统计，专业初段棋手实力相当于业余五六段的棋手实力。

业余段位以下称“级”，级也分九个等级。与段位不同的是级数越大棋力越低，以一级为最高。

第十课　我反对克隆人

壹　背景材料

一、周国平，当代著名学者作家，1945 年生于上海。1962—1968 年就读于北京大学哲学系，1978 年考入中国社会科学院研究生院哲学系，现为中国社会科学院哲学研究所研究员。

二、其纪实文学作品《妞妞，一个父亲的札记》、学术著作《尼采：在世纪的转折点上》销量均突破十万。随感集《人与永恒》，诗集《忧伤的情欲》，散文集《守望的距离》、《各自的朝圣路》、《安静》以及纪实作品《岁月与性情——我的心灵自传》等，1998 年底结集为《周国平文集》（1—6 卷）。另有译著《尼采美学文选》、《尼采诗集》、《偶像的黄昏》等。

三、周国平既是一位哲学家，也是一位作家、诗人，擅长用散文的笔调记录他的哲学思考，探索现代人精神生活中诸如生命的意义、死亡、性与爱、自我、灵魂的超越之类的困惑，重视关照心灵的历程与磨难，寓哲理于常情中。

贰　教学目标与步骤

一、教学目标

语　言	内　容	文　化
1. 理解并运用本课的重点词语（见“重点词语讲解”）。 2. 掌握词语辨析： （1）诞生—出生 （2）延续—延长 （3）损害—伤害—危害 （4）改良—改进—改善	1. 作者对克隆人问题提出了自己的立场，并从正反两个方面阐明了理由，正面理由有二：（1）克隆人是不自然、反自然的。（2）通过克隆来繁殖人是不道德的。反驳的是“科学无禁区”。	1. 了解克隆的知识。 2. 展望科学发展的前景。

续表

3. 掌握语言点： （1）大大 （2）一旦 （3）不妨 （4）姑且 （5）鉴于	2. 通过课文学习议论文的写法及论辩方式。 3. 思考课文中提出的克隆人是否应加以禁止、科学是否没有禁区等问题。	

二、教学步骤

1. 导入。介绍课文内容及背景。
2. 词语 1～28。词语辨析 1～2。
3. 第一部分课文(到“甚至可以把……也宣布为自然的了”)。注释 1。语言点 1。
4. 词语 29～73。词语辨析 3～4。
5. 第二部分课文。语言点 2～5。
6. 做“综合练习”。
7. 阅读与理解。

三、建议课时：6～7 课时。

叁　词语教学

一、重点词语讲解(见教材 p.210～213)

(3) 随后

常用句型：你们先走，老师～就去。
21 号到 25 号考试，～就开始放暑假。
香港股市今天高开，～就开始大幅下跌。

(5) 界

A. 界限：地～、边～、省～、国～、以长江为～。
B. 一定的范围：眼～开阔、管～。
C. 职业、工作或性别等相同的一些社会团体的总称：体育～、文艺～、科学～、教育～、宗教～、妇女～、各～人士。

(6) 旋即

A. ～＋动词：～离开、～提出、～举行、～决定、～开始、～发送、～分手。

方主任见事情已结束，～转身离去。

该市市长丑闻被曝光后～提出辞职。

事故发生后，事故处理委员会～成立。

B. 近义词：立即、马上。

(7) 质疑

A. ～＋名词(结构)：～对手、～对方、～法官、～亿元彩票、～选秀节目。

B. 动词＋～：遭到～、回应～、提出～、回答～、受到～、接受～、反驳～。

C. 近义词：质问。

(10) 势头

A. ～＋动词：～上涨、～加快、～下跌、～减缓、～削弱、～增强。

B. 形容词＋的＋～：强劲的～、良好的～、火爆的～、惊人的～、明显的～。

C. 动词＋～：出现～、发现～、保持～、阻挡～、分析～、遏制～、避开～。

D. 近义词：形势、态势。

(12) 相关

A. 副词＋～：密切～、紧密～、息息～。

B. ～(的)＋名词：～知识、～人士、～软件、～法律、～信息、～作品、～的概念、～的事物、～的网站。

C. 近义词：有关；反义词：无关。

(13) 持

A. 拿着；握着：～枪、～刀杀人。

B. 守；保持：坚～、～久、～续、～不同意见。

C. 主管；料理：操～家务、主～节目。

(16) 衡量

A. ～＋名词：～自我价值、～风险、～得失、～利益、～关系。

B. 副词(地)＋～:准确～、全面～、认真～、仔细～、大致～。

(19) 凡是

常用句型:凡是……都/就/一律……。

～来北京的人都想去长城和故宫。

～王教授教过的学生都说他教得好。

～承诺过的事就得办到。

为什么～我喜欢的东西你就不喜欢?

～进入工地的人,一律要戴安全帽。

～报名参加考试的人,一律要交100元报名费。

(23) 产物

A. 名词＋的＋～:社会的～、时代的～、智慧的～、战争的～。

B. 一般都带有修饰语。

(26) 抹杀

A. ～＋名词:～成绩、～功绩、～贡献、～成就、～个性、～事实、～一切。

B. 副词＋～:彻底～、完全～、一笔～、轻易～、随便～、故意～。

C. 近义词:否定、否认;反义词:承认。

D. 同"抹煞"。

(28)灭绝

A. 全部消灭:物种～、种族～、文化～、濒临～、恐龙早已～了。

B. 彻底丧失:～人性、～良知、职业道德快～了。

(29) 违背

A. ～＋名词(结构):～诺言、～原则、～自然规律、～人性、～誓言、～父母的意愿、～社会公德、～法律、～协议、～政策、～良心、～事实。

B. 近义词:违反;反义词:遵守。

(31) 独一无二

A. 作谓语:全球～、在国内～。

B. 作宾语：你是～的。

C. 作定语：～的人、～的发明、～的作品、～的空中舞台。

D. 近义词：绝无仅有；反义词：无独有偶。

(36) 摧毁

A. ～＋名词(结构)：～建筑、～房屋、～制度、～阵地、～军事目标、～世界、～系统、～幸福、～自信心。

B. 近义词：毁灭；反义词：建立、建设。

(37) 导致

A. 通常是不好的结果；～＋名词：～问题、～灾难、～失败、～错误、～事故、～火灾。

什么原因～了经济衰退？

据说，过度迷恋电脑会～记忆力下降。

B. 近义词：引起、造成。

(40) 设想

A. 动词。想象；假想：我～中的学校是一个乐园。

B. 动词。着想：多为别人～、处处替家人～。

C. 名词。指一种想象或假想：一种～、谈谈你的～、我的初步～。

(45) 淘汰

A. ～＋名词(结构)：～旧产品、～旧物品、～衣服、～家具、～失败者、～不符合条件的人。

B. 常用于“把”字句，“被”字句：

甲队把乙队～了。

没有能力很容易被职场～。

C. 常用搭配：～赛、～率、～比例。

(48) 假定

A. 动词。姑且认定：～这场球他们赢了，也不能出线。

B. 名词。科学上的假设：他的经济学理论就建立在这一～的基础之上。

C. 近义词：假设、假如。

(52) 划分

A. 把整体分成若干部分:~成几个部分、~势力范围、重新~一下。

B. 区别:~阶级成分、~重点项目和一般项目、~等级。

(56) 陷入

A. 落进某种不利境地:~困境、~被动地位、~恶性竞争、~纷争、~持久战、~误区、双方~僵局。

B. 比喻深深进入:~沉思、~回忆之中。

(59) 鸿沟

A. 原为秦末楚汉两军对峙时作为临时分界线的一条运河(故道在今河南荥阳县),现用来比喻明显的界限或距离。

B. 量词:道、条。

C. 动词+ ~:出现~、跨越~、填平~、存在一道不可逾越的~。

(62) 殃及

常用于不利的情况:两车相撞~路人。国内楼市低迷~二手房价。一人得了流行感冒,结果~全家。

(63)打破

A. ~+名词:~纪录、~平衡、~僵局、~常规、~沉默、~情面。

B. 近义词:突破;反义词:保持。

(65) 抑或

A. 常用于复句中的后半句中:大三快结束时,很多同学都面临一个艰难的选择:工作~是考研。

这是爱情?~是友情?

无论是久经沙场的老将,~是初次上阵的新手,都无比看重这次选拔赛。

B. 近义词:或者、还是。

(69) 诚然

A. 的确;实在:她喜欢贝贝,贝贝也～可爱。

B. 固然:～,他的想法是对的,但是他的做法是错的。

才华～是成功的因素,但不是唯一的因素。

勇敢～可贵,但智慧却是必不可少的。

(70) 前提

A. 动词＋～:有～、缺少～、改变～、承认～、尊重～、接受～。

B. 形容词＋(的)＋～:大～、重要～、必要的～、明确的～、清楚的～。

(71) 危及

～＋名词 (结构):～生命、～社会、～家庭、～正常秩序、～企业信誉、～国家安全、～身体健康。

二、词语辨析部分的异同归纳及补充练习(见教材 p.213～216)

1. **诞生——出生**

◆ **相同之处:**

	诞 生　　出 生
1. 语义:	都指生育出来。
2. 词性:	都是动词。

◆ **相异之处:**

	诞 生	出 生
1. 语义侧重点:(见例 1、2、3)	既指人的出生，还指新事物的产生。是褒义词，有庄重、尊敬的感情色彩。	只用于人的出生。是中性词，没有庄重色彩。
2. 搭配(一):(见例 4、5、6、7)	多用于伟大人物，不用于自己。	可用于他人或自己。
3. 搭配(二):(见例 7)	还常用于政党、国家、组织等的创建。	可用于“出生率/出生日期/出生年月日”中。
4. 语体:	书面语。	书面语口语都常用。

【练习】

① 1980 年以后 1990 年以前(　　　)的人都被称为“80 后”。

② 又一项新的世界纪录(　　　　)了。
③ 请你填上你的(　　　　)年月。
④ 这家公司(　　　　)于 1928 年。

2. 延续——延长

◆ 相同之处：

	延 续　　延 长
1. 语义：	都有加长的意思。
2. 词性：	都是动词。

◆ 相异之处：

	延续	延长
1. 语义侧重点：（见例 1、22）	侧重在照原样继续下去，多用于抽象事物，反义词是“中止”。	侧重在距离、时间等的增加，反义词是“缩短”。
2. 搭配：（见例 3、4、5、6、7）	多用于活动、情况、事件等方面。	多用于道路、航线、队伍等条形事物以及期限、寿命等方面。
3. 词性：（见例 8）	还可是名词。	没有名词用法。

【练习】

① 工程看来无法按时完工了，能不能(　　　　)几天？
② 人类一直在想尽办法(　　　　)寿命。
③ 在这次演唱会上，他基本上(　　　　)了以往的演唱风格。
④ 在下个赛季，他们能否再(　　　　)场场不败的神话？

3. 损害——伤害——危害

◆ 相同之处：

	损害——伤害——危害
1. 语义：	都有使受害的意思。
2. 词性：	都是动词。

◆ 相异之处：

	损 害	伤 害	危 害
1. 语义侧重点：（见例1、2、3）	侧重在指因破坏而使事业、利益、健康、名誉等蒙受损失。	侧重在使身体或思想感情受伤，语义比“损害”略重。	侧重在危及安全，使人或物的根本、整体遭受破坏，语意最重。
2. 搭配：（见例5、6、7）	“损害”的对象是抽象的、概括性的事物，如主权、事业、工作、利益、视力、名誉等。	“伤害”的对象是有生命的东西，及与人的思想感情有关的抽象事物（如自尊心、积极性等）。	“危害”的对象是有关人或物生存、发展方面的事物，如生命、青少年、安全、国家、社会等。

【练习】

① 这样随意地批评孩子,无疑会(　　　)孩子的积极性。

② 他以(　　　)公共安全罪被告上法庭。

③ 这些年轻人为何走上了(　　　)社会这条路呢?

④ 她向律师咨询了有关交通事故(　　　)赔偿方面的知识。

⑤ 长时间玩电脑游戏肯定会(　　　)视力。

4. 改良——改进——改善

◆ 相同之处：

	改良——改进——改善
1. 语义：	都指改变原有情况，使之更好。
2. 词性：	都是及物动词。
3. 搭配：	后面的名词性宾语一般是多音节词，不能是单音节词。

◈ **相异之处：**

	改　良	改　进	改　善
1. 语义侧重点：（见例1、2、3）	侧重在改掉事物的个别缺点，使之更适合要求。	侧重在使总体情况有所进步。	侧重在使原来的状况更加完善。
2. 搭配（一）：（见例4、5、6、7、8、9）	“改良”的对象一般是品种、土壤、水质、工具等具体事物及社会、政治等。	“改进”的对象一般是工作、作风、技术、方法、态度等。	“改善”的对象一般是人生活的环境、条件、伙食、待遇、状况、生活、关系等抽象事物。
3. 搭配（二）：	可以组成“改良派/改良主义/改良型”等词语。	没有这种用法。	没有这种用法。

【练习】

① 学校里的饭菜不合胃口，所以小力每个周末都回家（　　）伙食。

② 如果我们设法（　　）一下学习方法，一定能进一步提高汉语水平。

③ 他是温和的（　　）派，而非激进的革命派。

④（　　）工作态度以后，我们商店的营业额有了明显提高。

⑤ 环境不好，应该想办法去（　　），而不是成天抱怨。

肆　课文教学

一、课文教学说明（课文见教材 p.207～209）

1. 关于文体：本文是一篇议论文（说理文）。

议论文是对某个问题或某件事进行分析、评论，表明自己的观点、立场、态度、看法和主张的一种文体。

议论文有三要素，即论点、论据和论证。论点的基本要求是：观点正确，认真概括，有实际意义，恰当地综合运用各种表达方式；论据基本要求是：真实可靠，充分典型；论证的基本要求是：推理必须符合逻辑。

从论证方式看，议论文一般分为立论和驳论两种。（1）立论：对一定的事件或问题从正面阐述作者的见解和主张。(2)驳论:就一定的事件和问题发表议论,揭露和驳斥错误的见解或主张。

2. 关于内容:(1)介绍克隆及关于克隆人争论等背景,提出"我反对克隆人"的论点。(2)提供论据:先立论,从两个方面(不自然、反自然;不道德)正面阐述反对的理由;再驳论,就一些人以"科学无禁区"为理由主张克隆人的观点进行了反驳。最后进一步表明自己的观点:赞成在世界范围内通过立法严格禁止克隆人的实验。

3. 关于语言:本文是关于科学争论的议论文,所以结构严谨,条理清晰,语言准确、鲜明、流畅,具理性化风格。大量关联词语的运用,增强了不可辩驳之势。

二、课文内容提问

1. 关于克隆人的争论是怎么活跃起来的?
2. 克隆人的实验是否会无限期推迟?为什么?
3. 作者认为衡量生殖方式是否自然的标准是什么?
4. "非自然"和"反自然"有什么不同?
5. 作者认为克隆人不道德的首要原因是什么?
6. 人类克隆人的目的是什么?
7. 通过克隆人制造"优质人"会产生什么问题?
8. 通过克隆人制造"工具人"会造成什么后果?

三、教学活动建议

1. 提前布置学生回去搜集自己感兴趣的有关克隆的资料,上课时进行交流。
2. 分组讨论,一组一个问题,然后进行总结:

   A. 目前,克隆人实验及争论有无进一步发展?

   B. 如果存在克隆人,你认为自然人和他们之间可能是什么样的关系?

   C. 在你看来,科学有无禁区?

   D. 随着科学的发展,人类的前景会越来越美好吗?

伍 参考答案

一、词语辨析部分补充练习(见使用手册 p.156~159)参考答案

1. 诞生——出生

   ① 出生　② 诞生　③ 出生　④ 诞生

2. 延续——延长

①延长　②延长　③延续　④延续

3. 损害——伤害——危害

①伤害　②危害　③危害　④损害　⑤损害

4. 改良——改进——改善

①改善　②改进　③改良　④改进　⑤改善

二、语言点练习(见教材 p.216~219)参考答案

1. 大大

【练习】用“大大”完成句子：

(1) 这次旅游使我的汉语水平大大提高了。

(2) 由于战争频繁，这个地区的人口数量大大减少。

(3) 虽然产品数量增加了，但是质量却大大下降了。

(4) 中国西部地区的经济发展水平大大落后于东部。

2. 一旦

【练习】完成句子(后两题用“一旦”)：

(1) 两国之间的贸易战一旦打起来，世界经济都将受到影响。

(2) 有的人工作了大半辈子，一旦退了休，就不知道怎么安排自己的时间了。

(3) 地球上一旦没有了淡水，人类将无法继续在地球上生存。

(4) 他过惯了轻松自在的生活，一旦有一点束缚，就觉得受不了了。

3. 不妨

【练习】用“不妨”完成句子：

(1) 读书读累了，不妨出去走走，活动活动。

(2) 有什么意见，不妨说出来。

(3) 那家茶馆还算不错，周末不妨过去坐坐。

(4) 这些工作你一个人忙不过来，不妨告诉老板，让他加派一个人。

4. 姑且

【练习】完成句子：

(1) 这次姑且算你赢了，以后不会这么容易地让你赢的。

(2) 姑且假定你当上了总经理，但这样就能得到幸福吗？

(3) 姑且承认我做得不对，难道你就一点责任都没有吗？

(4) 姑且不谈这位政治家的政绩如何，只看他的个人生活，就知道他是个什么样的人了。

5. 鉴于

【练习】完成句子

(1) 鉴于他在这方面有突出的才干和成就，领导决定提拔他。

(2) 鉴于这一路段经常发生交通事故，有关部门特意在这儿竖了一块警示牌。

(3) 鉴于近年来作弊现象越来越严重，学校决定严格考场纪律。

(4) 鉴于上述情况，学校决定对该生予以警告处分。

三、部分“综合练习”(见教材 p.220～224)参考答案

Ⅰ词语练习

一、填入合适的名词

繁殖(后代)　　抹杀(成绩)　　灭绝(种族)

违背(自然)　　损害(利益)　　摧毁(一切)

淘汰(选手)　　改良(品种)　　划分(区域)

陷入(困境)　　打破(纪录)　　危及(生命)

二、填入合适的动词

(符合)逻辑　　(重视)亲情　　(增强)体质

(划分)等级　　(跨越)鸿沟　　(闯入)禁区

三、写出下列词语的近义词和反义词

(一) 写出同义词

声称——宣称　　情感——情绪　　摧毁——毁灭

其间——其中　　打破——突破　　抑或——或者 / 还是

(二) 写出反义词

相关——无关　　人为——自然　　延续——中止 / 中断

违背——服从　　劣——优　　上述——下列

四、选词填空(每个词都只用一次)

(一) 1. 相关、旋即 2. 无限期 3. 随后 4. 克隆 5. 断言
6. 前提 7. 人为 8. 导致 9. 伦理 10. 假定

(二) 1. 改良 2. 改进 3. 出生 4. 伤害 5. 诞生
6. 损害 7. 延长 8. 改善 9. 延续 10. 危害

五、解释句子中画线词语的意思

1. A 2. C 3. A 4. B 5. C 6. A 7. B

六、选择正确的答案

1. C 2. B 3. C 4. A 5. A 6. B 7. C 8. C
9. A

七、在每个空格中填入一个合适的字

由 以 否 以 尽 而 性 从 无 关

Ⅱ课文理解练习

一、根据课文内容判断正误

1. × 2. √ 3. √ 4. √ 5. √ 6. × 7. √ 8. √

四、部分"阅读与理解"(见教材 p.226~227)参考答案

(一) 根据文章内容选择正确的答案

1. C 2. C 3. C 4. C 5. A 6. C

陆 文化知识点补充说明

克隆大事记

1963 年,J.B.S. Haldane 创造"克隆"(clone)一词。

1995 年 7 月, 苏格兰 Roslin 研究所的 Ian Wilmut 和 Keith Campbell 成功地用一只母羊的胚胎细胞克隆了两头绵羊, 这被看作是多莉诞生的前奏。

1997 年 2 月,第一个用成年体细胞(一只 6 岁母羊的乳腺细胞)克隆产生的哺乳动物——绵羊多莉(Dolly)在苏格兰诞生。

1997年3月4日，鉴于多莉诞生引起的对人类克隆问题的争论，克林顿政府宣布美国联邦政府在5年内将不会投资与人类克隆相关的研究，同时要求国家生物伦理顾问委员会对相关的研究项目作出评估。

1997年7月，苏格兰科学家将人类基因植入一个绵羊体细胞，克隆了绵羊“波莉”。

1998年7月，美国夏威夷大学的研究人员用一只实验鼠的细胞克隆了3代共50只实验鼠。

1999年4月，美国马萨诸塞州塔夫茨大学的遗传学家克隆了3头山羊，改变了它们的基因性状，使它们的乳液内含有一种对心脏病具有疗效的蛋白质。

2000年，美国科学家用无性繁殖技术成功地克隆出猴子“泰特拉”，这意味着克隆人体本身已没有技术障碍。

2000年8月，英国政府允许克隆人类胚胎供医学研究之用。

2001年，美、意科学家联手展开克隆人的工作。2001年11月美国科学家宣布首次克隆成功了处于早期阶段的人类胚胎，称其目标是为病人“定制”出不会诱发排异反应的人体细胞用于移植。

2003年2月，因为发现有肺病的迹象，6岁的“多莉”被注射致命的针剂而死亡。